Bonsoir...

Édition : François Couture
Rédaction : Christian Tétreault
Correction : Odile Dallaserra, Louise Faucher
Infographie : Johanne Lemay

Catalogage avant publication de Bibliothèque et
Archives nationales du Québec et Bibliothèque
et Archives Canada

Brulotte, Rodger, 1947-

    Bonsoir...

    ISBN 978-2-7619-4252-2

    1. Brulotte, Rodger, 1947-   . 2. Expos de Montréal
(Équipe de base-ball). 3. Journalistes sportifs -
Québec (Province) - Biographies. I. Titre.

GV742.42.B78A3 2015   070.4'49796357092
C2015-942072-5

DISTRIBUTEURS EXCLUSIFS :

Pour le Canada et les États-Unis :
MESSAGERIES ADP*
2315, rue de la Province
Longueuil, Québec J4G 1G4
Téléphone : 450-640-1237
Télécopieur : 450-674-6237
Internet : www.messageries-adp.com
* filiale du Groupe Sogides inc.,
  filiale de Québecor Média inc.
Pour la France et les autres pays :
INTERFORUM editis
Immeuble Paryseine, 3, allée de la Seine
94854 Ivry CEDEX
Téléphone : 33 (0) 1 49 59 11 56/91
Télécopieur : 33 (0) 1 49 59 11 33
Service commandes France Métropolitaine
Téléphone : 33 (0) 2 38 32 71 00
Télécopieur : 33 (0) 2 38 32 71 28
Internet : www.interforum.fr
Service commandes Export – DOM-TOM
Télécopieur : 33 (0) 2 38 32 78 86
Internet : www.interforum.fr
Courriel : cdes-export@interforum.fr
Pour la Suisse :
INTERFORUM editis SUISSE
Case postale 69 – CH 1701 Fribourg – Suisse
Téléphone : 41 (0) 26 460 80 60
Télécopieur : 41 (0) 26 460 80 68
Internet : www.interforumsuisse.ch
Courriel : office@interforumsuisse.ch
Distributeur : OLF S.A.
ZI. 3, Corminboeuf
Case postale 1061 – CH 1701 Fribourg – Suisse
Commandes :
Téléphone : 41 (0) 26 467 53 33
Télécopieur : 41 (0) 26 467 54 66
Internet : www.olf.ch
Courriel : information@olf.ch
Pour la Belgique et le Luxembourg :
INTERFORUM BENELUX S.A.
Fond Jean-Pâques, 6
B-1348 Louvain-La-Neuve
Téléphone : 32 (0) 10 42 03 20
Télécopieur : 32 (0) 10 41 20 24
Internet : www.interforum.be
Courriel : info@interforum.be

11-15

Imprimé au Canada

Dépôt légal : 2015
Bibliothèque et Archives nationales du Québec

ISBN 978-2-7619-4252-2

Gouvernement du Québec – Programme de crédit
d'impôt pour l'édition de livres – Gestion SODEC –
www.sodec.gouv.qc.ca

L'Éditeur bénéficie du soutien de la Société de
développement des entreprises culturelles du Québec
pour son programme d'édition.

 Conseil des Arts   Canada Council
du Canada   for the Arts

Nous remercions le Conseil des Arts du Canada de
l'aide accordée à notre programme de publication.

Nous reconnaissons l'aide financière du gouvernement du Canada par l'entremise du Fonds du livre
du Canada pour nos activités d'édition.

Rodger
BRULOTTE

Bonsoir...

LES ÉDITIONS DE
L'HOMME
Une société de Québecor Média

PRÉFACE DE ROGER D. LANDRY

J'ai fait mon entrée au quotidien *La Presse* en 1980. Moi, un gars de marketing et de relations publiques, je venais du monde des affaires et je connaissais peu l'industrie du baseball. Il va sans dire que mon arrivée n'a pas soulevé l'enthousiasme des journalistes et chroniqueurs responsables de la couverture des Expos...

Qu'à cela ne tienne !

Rodger Brulotte, lui, était un expert en la matière ; il jouissait d'une forte crédibilité et avait développé une grande complicité avec ces journalistes. Il me facilita la tâche en me témoignant publiquement son amitié, tout en m'assurant de son appui indéfectible lors du dépôt de mon plan d'affaires. Je lui en serai éternellement reconnaissant, et je tiens à le remercier de nouveau ici.

À la lecture des souvenirs et anecdotes de ce personnage unique, vous pourrez, tout comme moi, vous régaler de ses talents de conteur. Le récit de ses amitiés avec Céline Dion et René Angelil, de ses rencontres avec des présidents américains, de ses échanges avec de nombreux premiers ministres canadiens et québécois nous révèle un observateur aussi sensible que perspicace. Son lien particulier avec Gary Carter et ses opinions sur le gérant Dick Williams, un *hall of famer* coloré, soulèvent aussi notre curiosité.

Lorsque Rodger m'a invité à écrire cette préface, il a clairement stipulé que je ne pouvais lui dire non ; ce qu'il ne savait pas, c'est que j'aurais été profondément blessé si je n'avais pu profiter de cette occasion d'inviter ses nombreux admirateurs — et ceux des Expos — à apprécier les histoires de cet exceptionnel baroudeur et homme de qualité.

Bonne lecture !

ROGER D. LANDRY, C.C., O.Q., C.D.
Ex-président et éditeur, *La Presse*
Expos pour toujours

PRÉFACE DE MICHEL BERGERON

Qu'est-ce qu'un ami ?

Il y a deux façons de répondre à cette importante question.

Un ami, c'est quelqu'un qui ne vous juge jamais. C'est une personne qui est toujours là au bon moment, quand les choses vont bien et quand elles vont moins bien. C'est une personne à qui vous pourrez toujours vous fier, peu importe les circonstances. C'est quelqu'un qui vous dira toujours sa vérité, et pas seulement celle que vous voulez entendre.

Un ami, c'est quelqu'un avec qui vous aimez rire, avec qui vous pouvez pleurer, auprès de qui vous pouvez vous plaindre, à qui vous pouvez tout confier, avec qui vous pouvez vous engueuler. Au golf, ou ailleurs. C'est quelqu'un qui ne sait pas épeler le mot « non ». Avec cette personne, la relation saura passer l'épreuve du temps. Enfance, adolescence, âge adulte et plus, elle sera toujours là. C'est quelqu'un qui saura vous réchauffer le cœur ou refroidir vos ardeurs. C'est quelqu'un qui répond au téléphone à quatre heures du matin. C'est quelqu'un qui saura vous surprendre et vous amuser avec ses répliques, ses idées, ses déclarations, ses exagérations. C'est quelqu'un qui restera fidèle en toutes circonstances.

Un ami, c'est quelqu'un qui ne mesure rien, ni le temps, ni l'argent, ni les distances pour venir vous retrouver quand les événements se bousculent. Un ami, c'est un compagnon de route, un compagnon de vie, dans ses meilleurs et ses pires moments. Un ami, c'est un frère. Un ami, c'est tout ça et plus encore.

La seconde façon de répondre à la question « Qu'est-ce qu'un ami ? » est plus simple. C'est deux mots. Un ami, c'est Rodger Brulotte.

MICHEL BERGERON

AVANT-PROPOS

4 décembre 2014. C'est à cette date que j'ai entrepris l'écriture de ce livre. C'était deux jours après les funérailles de mon idole de jeunesse devenue, par bonheur, un grand ami : Jean Béliveau. Y a-t-il un lien entre les deux événements ? Oui... et non.

Non, parce que l'idée de ce bouquin me trotte dans la tête depuis longtemps. Comme elle trotte dans la tête de dizaines d'autres personnes. Certaines sont mes amis proches, d'autres non. Plusieurs personnes me suggèrent depuis des années de revenir sur le passé, sur la grande épopée des Expos de Montréal, sur mon expérience auprès du club tout au long de son existence. Les Expos ont disparu de l'univers sportif montréalais en 2004, et je sais que le souvenir de cette équipe reste vibrant dans l'esprit, la mémoire et le cœur de nombre de mes concitoyens. Je le sais grâce aux centaines, voire aux milliers de témoignages que j'ai reçus depuis ce jour, que je reçois encore aujourd'hui.

Le jour du départ de notre équipe de baseball a été funeste pour la métropole, pour le Québec et pour le pays en entier. Encore aujourd'hui, pas une journée ne passe sans que quelqu'un m'aborde dans la rue, dans un café ou un restaurant pour me parler d'un souvenir lié à l'équipe, à mon travail d'analyste, à ma façon d'aborder et d'accomplir ce travail. Certains veulent avoir des nouvelles d'un ou de l'autre de mes collègues du temps.

Jean Béliveau n'est pas, à proprement parler, l'initiateur du projet, mais son décès m'a convaincu de l'urgence d'écrire. Tous et chacun, nous traversons la vie sans penser à la fin, sans trop réfléchir non plus au bagage d'expériences et de souvenirs que nous portons. Ce bagage est imprégné si profondément en nous que nous-mêmes ne le voyons plus ; il faut alors que d'autres interviennent, sonnent la cloche, nous rappellent la pertinence d'agir, afin que nous prenions pleinement conscience d'avoir été placés au centre de situations uniques. J'ai été, je suis encore, un homme choyé. Des paroles, des phrases, un simple mot de la bouche de quelqu'un d'autre nous font réaliser que les leçons de vie, les moments privilégiés, les rencontres étonnantes dans tous les sens du mot, tout ce dont nous avons bénéficié au fil de notre parcours pourrait intéresser les autres, les faire sourire, rire, les renseigner, les distraire et, peut-être même, les soutenir dans leur propre cheminement.

De Jean Béliveau, j'ai appris la modestie et l'humilité. C'en était un grand connaisseur. Il m'a aussi enseigné que rien de ce que nous vivons n'est inutile. Parfois même, ce qui nous arrive ou nous est arrivé servira à d'autres, les aidera à comprendre et à gérer certaines situations qui leur sont propres. Le départ de Jean m'a fait comprendre que le temps était venu pour moi de passer à l'action et de l'écrire, ce livre. Ce son de cloche est le dernier cadeau qu'il m'a offert, lui qui m'a tant donné. Merci, Jean.

J'hésite à employer le mot « biographie » pour qualifier l'exercice. Parce que ce livre n'est pas une biographie dans le sens classique. Raconter ma vie ne m'a jamais intéressé. Moi qui ai pourtant dévoré les biographies de toutes sortes de gens qui ont marqué l'histoire d'ici et d'ailleurs, que ce soit dans le sport, les arts, l'histoire ou la politique, je ne m'imagine pas ajouter une autre biographie à la liste. Les rayons des librairies en sont pleins. Évidemment, parce que c'est inévitable, ma vie personnelle sera quelquefois abordée, mais de façon anecdotique. Les événements abordés dans ce bouquin ne sont pas présentés de manière chronologique, comme dans une « vraie » biographie. Je saute du coq à l'âne, en me fiant à mon instinct pour y aller d'histoires grandes ou petites, de faits importants ou non qui, selon moi, méritent d'être racontés. La partie consacrée à « mes » Expos est de facture un peu plus classique. J'ai fait ce choix parce que je souhaitais remettre en perspective, et dans le bon ordre, certains des jalons majeurs de l'histoire de l'équipe. Il s'est dit beaucoup de bêtises sur les Expos depuis leur disparition en 2004…

Ce bouquin est donc un amalgame d'anecdotes parfois drôles, parfois tristes, choquantes ou touchantes, mais toujours, selon mon jugement, pertinentes, souvent savoureuses. Cet assemblage de souvenirs vous en apprendra plus sur les Expos et sur certaines célébrités que n'importe quelle biographie n'aurait pu le faire. Vous en apprendrez sur moi, aussi, inévitablement.

Une biographie, c'est un peu comme un *striptease*. Ce n'est pas ce que je vous offre. J'arrive plutôt devant vous avec une énorme malle, je l'ouvre et vous en présente le contenu. Parole de Rodger, y a du matériel, là-dedans !

J'ai grandi sur la rue Hogan, tout près d'Hochelaga. J'y ai passé mon enfance avant de déménager, adolescent, avec mes parents et ma sœur, sur la rue Florian, coin Ontario. Puis sur Pie-IX. En 1970, je me suis éloigné du coin qui m'a vu naître et grandir pour emménager à Ville d'Anjou. Quand je repense à mon enfance dans le quartier Saint-Anselme, dans le centre-sud de Montréal, quand je revois mon parcours depuis cette belle époque, je me trouve extraordinairement chanceux.

Le petit gars qui jouait au hockey pour les Loisirs Saint-Anselme, et au baseball pour ceux de Saint-Eusèbe, n'avait d'yeux que pour Jean Béliveau. Pour son immense talent de joueur, c'est sûr, mais aussi et surtout pour le modèle d'homme qu'il était et qu'il restera. Un grand personnage dans tous les sens du terme ; jamais je n'aurais pu imaginer que cet homme, mon modèle et mon idole, jouerait un tel rôle dans ma vie. Qu'il deviendrait un ami et le resterait pendant 40 ans.

Sans Jean Béliveau, vous ne me connaîtriez pas. Je n'exagère pas. Sans lui, je n'aurais jamais fait de radio, de télévision ; je n'aurais jamais joué les annonceurs. Sans lui, je serais peut-être charcutier, poissonnier ou cuisinier. Mais vous ne seriez pas venu manger chez moi, parce que je ne touche pas aux légumes, je déteste les épices, et la carte des vins est très courte puisque je n'ai jamais bu une goutte d'alcool de ma vie. (D'ailleurs, je souris toujours quand j'entends des gens me dire qu'ils se souviennent d'avoir pris une bière avec moi. Je dois avoir un sosie quelque part…)

Si je n'avais pas été analyste sportif, je serais probablement resté dans l'organisation des Expos, aux relations publiques ou en charge des voyages, deux tâches que j'ai accomplies avec plaisir durant plusieurs années. Mais quand le Grand Jean est entré dans ma vie, tout a changé. Il m'a fait sortir d'une routine qui me plaisait, certes, mais qui ne me satisfaisait pas.

Chaque samedi après-midi, Jean organisait des matchs de hockey pee-wee. On y retrouvait des jeunes anglophones et francophones, dans le cadre d'un programme d'échange culturel. Ça se passait au Forum, et Jean démontrait son habituelle gentillesse et sa générosité auprès des joueurs. Ceux-ci n'en revenaient pas : ce grand homme, ce héros, prenait le temps de venir leur serrer la main et de leur adresser à chacun quelques mots d'encouragement. Pour la grande finale, Jean m'avait demandé de devenir l'annonceur. Comment refuser ?

Lui et moi avions convenu que pour accentuer encore un peu plus la fierté des participants, nous allions faire les choses comme s'il s'agissait d'un match professionnel : éclairages, musique d'ambiance, présentation des joueurs au micro… Les visages des jeunes qui jouaient dans l'enceinte mythique s'illuminaient. Des équipes venaient de partout au Québec. Et la cerise sur le sundae : Jean Béliveau les conviait à rester au Forum après leurs matchs pour assister à la partie des Canadiens, en soirée.

Je n'ai jamais su pourquoi il m'avait demandé d'agir comme annonceur.

Tout ce que je sais, c'est que cette expérience m'a donné la piqûre. Ça a été mon premier pas dans le monde des communications.

En plus de m'entraîner vers ma vraie voie, Jean m'a appris beaucoup. Il m'a donné des conseils et des leçons de vie. Une de ces leçons : il est primordial de redonner à la société autant que ce qu'elle nous a donné. Inspirés par le Camp Papillon, nous avons, avec les Expos, reproduit le même modèle de programme, quelques années plus tard.

Jean ne s'est jamais montré paternaliste. Il ignorait ce qu'était la prétention. Chaque fois que nous nous rencontrions, nous discutions de tout, un peu de hockey, mais presque jamais de ses exploits personnels. Nous parlions voyages, famille, livres, cinéma et aussi baseball. Jean était un grand passionné et un vrai connaisseur de ce sport.

Sans Jean Béliveau, ce livre n'existerait pas, et je le lui dédie.

Je le dédie aussi à mes très chers parents. Ce sont eux, alors que je n'étais qu'un bambin, qui m'emmenaient au stade Delorimier pour applaudir les Royaux. Mes parents m'offraient alors un cadeau qui allait m'être plus que précieux tout au long de ma vie : l'amour du sport.

RODGER BRULOTTE

Les miens

Mon père et ma mère se sont rencontrés au cours d'une promenade en traîneau. Mon père était de Cartierville, dans le nord de Montréal, et ma mère, immigrée de Liverpool avec sa famille, habitait le quartier Rosemont. Les deux étaient unilingues, un francophone et une anglophone. Ils ne se comprenaient qu'avec le langage du cœur, faut croire. Et ils se comprenaient très bien...

Je n'aurais jamais échangé ma famille contre aucune autre. Elle n'était pas parfaite, mais l'essentiel y était : l'amour inconditionnel.

À la maison, deux langues cohabitaient. Avec ma mère en anglais, et avec mon père en français. À la table, tout se passait toujours dans les deux langues. Ma mère avait bien appris la langue française, et elle s'étonnait toujours que tous lui adressent la parole en anglais. Elle disait, avec son net accent « brit » :

— Je parler très bien la français, mais tout le monde me parle dans l'anglais, je pas comprends.

Mon père, celui qui a allumé la flamme éternelle du sport chez son seul fils, est décédé à 66 ans des suites d'une faiblesse cardiaque. Je me souviens de l'endroit où j'étais et de ce que je faisais quand on me l'a appris : j'étais au tournoi de golf Claude Raymond quand j'ai reçu l'appel. Son cœur a subi une attaque soudaine. Deux semaines plus tard, il passait l'arme à gauche. Le pauvre avait acheté une petite propriété en Floride pour y couler tranquillement ses dernières années. Il n'a jamais vu la Floride. Il est décédé avant de s'y rendre, comme dans les mauvais livres.

Mon père ne l'a jamais su, mais il est probablement à la source de ma carrière de commentateur. Il ne l'a jamais su pour une raison fort simple : je ne le savais pas moi-même. C'est plusieurs années plus tard que, en y repensant, j'ai réalisé où se situaient les racines de mon amour pour la profession que j'exerce encore aujourd'hui.

J'étais jeune enfant sur la rue Hogan. Mon père et moi, on se lançait la balle dans la cour, au parc ou dans la ruelle, et il y allait de commentaires sur mes performances. Si j'exécutais un attrapé avec le gant renversé, il s'écriait : « Oh ! quel jeu spectaculaire de Rodger Brulotte ! Quel attrapé sensationnel ! » Ou encore : « Oh ! tout un relais au premier but ! Quel lancer ! » Même s'il n'y avait rien de spectaculaire dans tout ça, mon père savait que ça m'amusait, que ça me stimulait, que ça m'encourageait. Et je retenais ses expressions.

Derrière chez moi, durant mon enfance, il y avait une écurie appartenant au laitier, et où vivait son cheval. À 7, 8, 9, 10 ans et plus tard même, je passais des après-midis à y jouer avec ma balle bleu-blanc-rouge que je lançais contre le mur. Je jouais des matchs complets en les décrivant à voix haute. En nommant les joueurs de cette époque, surtout ceux des Royaux. « Tommy Lasorda est au monticule, Rocky Nelson s'amène au bâton, attrapé spectaculaire de Junior Gilliam, circuit de Duke Snyder, etc. »

Il s'en est joué, des matchs mémorables contre le mur de cette grange ! Qui aurait dit qu'un jour, je partagerais quelques-unes de ces expressions avec un vrai public, dans un vrai studio, à décrire un vrai match des vraies ligues majeures ?

À l'adolescence, après nos matchs de baseball ou de hockey, mes amis et moi allions au club Le Mocambo, au Café de l'Est ou à la Taverne Christian même si nous n'avions pas l'âge requis pour y entrer. Puis, à trois heures du matin, je ramenais le petit groupe à la maison. Mon père et ma mère se levaient et nous préparaient un bon gros déjeuner copieux. Jamais de reproches, au contraire. Dans la bonne humeur.

Ma jeune sœur Isabelle, de deux ans ma cadette, était une femme d'une grande bonté dotée d'un sens de l'humour des ligues majeures. Elle a été atteinte à l'âge de 43 ans d'un cancer du cerveau. J'étais à Houston avec les Expos quand j'ai appris la triste nouvelle. J'ai quitté le Texas immédiatement, direction hôpital Charles-Lemoyne sur la Rive-Sud. Mon beau-frère m'y attendait. Deux médecins nous ont rencontrés dans une armoire à balais. Dans une armoire à balais! Ils nous ont annoncé la nouvelle: cancer incurable. Je suis resté le plus calme possible. Mais je leur ai fait savoir que si je ne m'étais pas appelé Rodger Brulotte, je leur aurais foutu un coup de balai sur la tête. Une situation si tragique, si pesante et triste, l'annonce que ma sœur va mourir, et on ne trouve rien de mieux que de nous accueillir dans une remise de chaudières et de balais pour en parler. J'étais en furie.

Elle a laissé son mari et ses deux jeunes enfants continuer la route sans elle. Quand je pense à elle, j'éprouve encore du regret à l'idée qu'elle a toujours été «la sœur de». Plus souvent qu'autrement, quand elle rencontrait des gens, on lui parlait de moi. «Comment va Rodger?» «Tu es la sœur de Rodger Brulotte?» «Hey, j'ai vu ton frère la semaine dernière...» Et ainsi de suite. Ça a commencé très tôt, du temps des Loisirs Saint-Eusèbe et de la paroisse Saint-Anselme où je jouais au hockey. Sans le vouloir, je lui ai volé un peu de sa propre personne. Mais je n'y pouvais rien.

Dans la vie, certains événements surviennent, des événements inattendus et parfois tragiques, qui vous renvoient à vous-même, à qui vous êtes, à ce que vous auriez pu être et, surtout, à la chance que vous avez d'être en vie. Pire, ces événements ouvrent la porte à des questions auxquelles vous ne saurez jamais répondre, que vous ne pourrez jamais évacuer de votre esprit, peu importe les efforts que vous y mettrez.

La joie de vivre qui émanait de ma sœur Isabelle contaminait tout son entourage: ses amis, mais surtout sa famille, son mari et ses deux enfants. Cette question ne me quitte jamais. J'y pense tous les jours, encore aujourd'hui: pourquoi elle et pas moi?

Je l'aimerai toute ma vie.

Pour ma mère, Hazel, la mort de ma sœur a été un choc dont elle ne s'est jamais remise. Perdre un enfant, peu importe l'âge, est un événement plus que tragique ; il est impossible à assumer. La douleur, à petit feu, aurait raison de ma mère, qui venait de prendre sa retraite après avoir travaillé longtemps pour une compagnie d'assurances. Elle s'était trouvé une niche dans une maison de retraite. Quand ma sœur est décédée, au début des années 1990, ma mère traversait donc tranquillement sa vieillesse à la résidence Portofino, sur le boulevard Gouin.

Elle a fini par abdiquer devant l'effroyable Alzheimer.

Comme tous les gens dont un proche doit affronter cette maladie, au début je n'y croyais pas. Quelques personnes de son entourage m'en avaient passé la remarque.

— Rodger, ta mère a de sérieux problèmes de mémoire...

J'ai amené ma mère à l'hôpital Jewish General où elle a subi des tests. Les résultats ont été malheureusement concluants : elle prenait une orange pour un chien.

J'ai mis tout ça sur le dos de la nervosité, mais dans mon for intérieur, je savais que ça y était. Ça a fait mal, mais c'était la triste vérité : ma mère était sur la pente douce de la fin des émissions.

Un jour, elle ne m'a plus reconnu. Ce jour-là a duré trois ans.

J'allais la voir tous les jours à la résidence, sauf quand je partais sur la route avec les Expos. J'appelais alors trois fois par jour pour prendre de ses nouvelles. Rien à faire : elle ne me reconnaissait pas. Pendant trois ans, pas une fois je ne sortais de mes visites sans pleurer. J'allais la voir à toutes heures possibles. Parfois à trois heures de l'après-midi, à l'heure du souper, en fin de soirée, tôt le matin, au milieu de la nuit. Je n'avais pas d'horaire fixe pour aller lui tenir compagnie.

Ma mère, Hazel Johnson, est la personne qui a eu le plus d'influence sur qui je suis devenu, sur qui je suis. Elle m'a montré l'essentiel : le respect des autres et l'amour. Le reste, c'est des détails.

Je me souviens d'une fois, bien avant sa maladie. C'était au début de ma carrière avec les Expos. Je faisais une marche avec elle et un type m'a salué. Je ne lui ai pas prêté attention.

— Tu as vu le type qui t'a dit bonjour ?

— Oui...

— Et tu ne lui as pas répondu ?

— Non.

— Tu es qui, toi ? Qui es-tu pour ne pas répondre à une salutation ? Quand une personne, qui qu'elle soit, prend la peine de te dire bonjour, tu réponds. Ok ?

— Ok, Mom.

Elle n'a jamais eu à me le rappeler.

Ma mère adorait la musique, elle aimait danser et chanter. Or, quand j'allais lui rendre visite à la résidence Portofino, on dansait et on chantait. Je faisais jouer la même chanson chaque fois : *My Way*, le succès de Frank Sinatra.

Elle est demeurée quelque temps à Portofino, puis est arrivé le jour où sa condition nécessitait plus de soins et d'attention. Il fallait la changer d'endroit. J'ai d'abord pensé l'amener chez moi. On m'a fortement suggéré de ne pas faire ça. Elle tenait à aller à l'hôpital St. Mary's, et c'est donc là que je l'ai conduite, le 11 septembre 2001. (Vous comprendrez que cette date historique a une tout autre valeur à mes yeux...)

Par mesure de prudence, à St. Mary's, on lui a posé un bracelet électronique pour s'assurer qu'elle n'allait pas se sauver. Elle n'avait pas accès à l'ascenseur. J'ai dit au médecin en charge que maman allait trouver une façon de leur glisser entre les mains.

Le médecin m'a regardé, sourire en coin.

— Monsieur Brulotte, s'il vous plaît. C'est impossible...

Dans les jours qui ont suivi, on s'est soudain aperçu qu'elle n'était plus dans sa chambre. On l'a retrouvée à l'entrée de l'hôpital, perdue. Ça a été l'événement qui m'a mis l'évidence en pleine face : c'était fini. Je l'ai alors fait admettre au centre d'hébergement Paul-Lizotte, dans le nord de Montréal.

Dans l'auto nous y menant, elle m'a demandé de lui chanter *My Way*.

* * *

Au cours des trois années et quelques qui ont suivi, avant son départ ultime, nous n'avons vraiment parlé que deux fois. À chacune de mes visites, elle disait des choses, bien sûr, mais n'avait pas la moindre idée de qui j'étais, et jamais, ou presque, nous ne nous retrouvions réellement en conversation. Elle était aussi en proie à des hallucinations. Je me rappelle qu'elle pleurait parce qu'elle voyait des enfants dans un feu; il fallait qu'elle les tire de là, disait-elle, sans pouvoir le faire. Elle ne voulait pas que je sorte du centre, convaincue que des gens voulaient me tuer. Des hallucinations du genre la saisissaient presque 24 heures sur 24.

La première des deux fois où elle m'a parlé consciemment, nous étions assis dehors à regarder les flots de la rivière des Prairies, près du boulevard Gouin. Je parlais. En fait, je monologuais. Je savais qu'elle n'y entendait rien, qu'elle ne comprenait pas ce que je racontais, mais un médecin m'avait suggéré de lui parler quand même, sans arrêt. Il me disait qu'il était possible qu'elle ait de rares et courts moments de lucidité. Peut-être qu'un de ces moments arriverait pendant un de mes monologues.

Il faut savoir que toute sa vie, ma mère m'a replacé les cheveux. Cette fois-là, je revenais de chez Ménick, le barbier, avec une nouvelle coupe: les cheveux légèrement en hérisson, pointés vers le haut. Je lui ai donc demandé:

— Mom, comment t'aimes mes cheveux?

Elle a compris.

— Je n'aime pas ça. Tu devrais les aplatir.

— Parfait, Mom, je vais faire ça.

Ça faisait deux ans qu'elle ne m'avait rien dit de cohérent.

Un jour, une infirmière du centre me dit:

— Vous savez, monsieur Brulotte, votre mère est en souffrance. J'ai l'impression qu'elle s'accroche à la vie pour vous. Vous savez qu'elle n'a plus de qualité de vie du tout. Vous devriez aborder le sujet et lui dire qu'elle peut partir en paix...

Quelques jours plus tard, c'était tôt le matin, j'ai rejoint ma mère, qui était dans son lit. Suivant l'opinion de l'infirmière, je lui ai parlé de tous les gens de son entourage qui étaient décédés, de mon père, de ma sœur, de ses sœurs à elle.

— Tu sais, Mom, si tu veux mourir, si tu veux aller au ciel retrouver tous les gens que tu as aimés, tu peux le faire. Ne t'en fais pas pour moi, je suis correct.

Elle s'est alors tournée vers moi et m'a regardé avec ses beaux yeux bleus.

— *Roddy, why do you want me to die?*

Revenant immédiatement sur mes paroles, j'ai avalé de travers et je lui ai dit :

— *Mom, after all, why don't you stay here as long as you want?*

— *That's what I'll do…*

Encore aujourd'hui, je regrette amèrement de lui avoir suggéré ça. Énorme erreur de ma part. Avoir créé un doute dans sa vieille tête de mère… Moi qui ai passé ma vie à lui dire « Je t'aime », tous les jours. Cette fois-là, confession : j'ai été terriblement con.

* * *

Bizarre, la façon dont j'ai appris la mort de ma mère. Les gens du centre m'ont appelé : la situation était grave, ma mère n'allait pas bien. Sans faire ni une ni deux, j'ai sauté dans ma voiture et je me suis rendu sur place. Il était sept heures du matin. Dans l'ascenseur, un médecin que je ne connaissais pas m'accompagnait.

— Ah, monsieur Brulotte, comment allez-vous ?

— Pas si mal. Et vous, docteur ?

— Bien. Mais je dois aller confirmer la mort d'une vieille dame qui est morte la nuit passée. Une dame Hazel Johnson…

Hazel Johnson, c'était ma mère. Il l'ignorait.

Aux funérailles, je lui ai chanté *My Way*, une fois de plus. Et ce n'était pas la dernière. Depuis ce jour, chaque fois que je chante cette chanson, dans ma tête, dans mon auto ou ailleurs, je sais que je lui parle.

Et les frissons ne se font pas attendre.

Les Loisirs Saint-Eusèbe

On m'a souvent fait remarquer que depuis toujours, au cours des matchs que j'analyse, je fais régulièrement allusion aux Loisirs Saint-Eusèbe. Nombreux sont ceux et celles qui croient que cette référence est une création de mon esprit, une image inventée de toutes pièces pour colorer mon propos. Pas du tout. Les Loisirs Saint-Eusèbe ont été le berceau de mon enfance et de mon adolescence, et le terreau dans lequel a poussé ma passion pour le sport.

Cette minuscule paroisse de la métropole (coin Fullum et Larivière) est à Montréal ce que San Pedro de Macoris est à la République dominicaine : une pépinière de joueurs de baseball. Plusieurs éléments appuient ce fait. Le premier, sans doute, est le nombre renversant de joueurs des ligues majeures qui y ont grandi et qui ont par la suite signé des ententes avec des organisations professionnelles : une dizaine, ce qui est gigantesque. La plupart n'ont pas joué dans les majeures, mais tous ont connu une carrière dans les circuits professionnels mineurs aux États-Unis.

La paroisse respirait le baseball à longueur d'année. Des noms sont inscrits dans ma mémoire et n'en sortiront jamais. Marcel Laperrière, Paul Matthieu, Claude Marion, Rolland Nadeau, Paul Gauthier, Robert Frenette, Raymond Demers, Claude Lefebvre, Robert Baillargeon, Tim Harkness ; ce dernier a joué avec les Mets, et d'autres (Claude Provost et Claude Laforge) ont joué dans la LNH.

Tous ces gens-là, avec mon père, m'ont fait macérer très tôt dans la sauce du sport.

À l'âge de 10, 11 et 12 ans, avec mes grands chums du temps Robert Frenette et André Émond, on se retrouvait sur le balcon de monsieur Laperrière. On pouvait y demeurer jusqu'aux petites heures du matin, à l'écouter nous parler baseball. Il évoquait des joueurs – de son temps ou actuels –, leurs exploits, ses propres souvenirs ; il nous parlait de stratégie, de technique, de règlements. Tout y passait. André, Robert et moi, on écoutait tout ça sans en manquer le moindre bout. Sa femme, amusée, assistait à ces « cours privés ». Et en janvier et février, quand l'hiver s'installait pour de bon, ces hommes-là du quartier, des vrais professionnels, nous entraînaient dans le sous-sol de l'église. Ce n'est pas pour rien que les Loisirs Saint-Eusèbe ont toujours été dominants au baseball, année après année, dans la grande ville de Montréal.

En 1961, cette petite équipe d'un quartier ouvrier défavorisé s'est même rendue au prestigieux tournoi de Williamsport, là où on couronne annuellement la meilleure équipe de jeunes de 11 et 12 ans au monde ! Monsieur Laperrière, l'homme sur le balcon, m'a demandé de venir entraîner les joueurs avec lui en prévision de leur séjour en Pennsylvanie. Je me suis ainsi retrouvé à Williamsport, comme spectateur intéressé, avec Pierre Bergeron et Gilles Gagnon. À bouffer, pendant une semaine, des sandwiches à la moutarde – dans la voiture qui nous y avait emmenés, des fourmis avaient mangé notre très mince provision de jambon.

J'avais tellement appris au cours de ces séances dans mes années d'enfance qu'à 17 ans, j'étais devenu gérant de l'équipe pee-wee des Loisirs Saint-Eusèbe. Deux fois, je me suis rendu, avec mon équipe, jusqu'en finale du championnat provincial. Pour subir deux défaites… mais quand même !

Des enfants et des stars

TOMMY LASORDA ET LE STADE DELORIMIER

Avant sa brillante carrière de gérant avec les Dodgers (qui l'aura mené jusqu'à Cooperstown en 1997), Tommy Lasorda a été lanceur étoile pour les Royaux de Montréal. Il y a passé, au total, neuf saisons en deux séjours, de 1950 à 1955, puis de 1958 à 1960. Entre ces deux longs passages dans la métropole, il a joué pour l'organisation des Athletics de Kansas City. Mais la haute direction des Dodgers de Brooklyn (dont les Royaux étaient le club-école) voyait bien que Lasorda était un favori de la foule montréalaise (il avait appris à parler français…). Il fut donc rapatrié et envoyé avec le club-école des Royaux.

En 1958, j'avais 11 ans, et j'étais un grand fanatique des Royaux de Montréal. Les joueurs des Royaux, pour la jeunesse d'ici, étaient aussi impressionnants que les joueurs du Canadien. C'étaient des héros. Je revois, dans ma tête, tous les coins et recoins du stade Delorimier… C'était MON stade. Les jeunes qui se présentaient au guichet en uniforme de baseball pouvaient y entrer sans payer. Que pensez-vous que je faisais ? J'endossais mon uniforme des Loisirs Saint-Eusèbe et m'élançais direction Ontario et De Lorimier. J'assistais tellement souvent aux matchs que les joueurs me reconnaissaient ! Si je n'étais pas le premier arrivé, je n'étais pas loin derrière.

Un jour, Tommy Lasorda m'a invité à sauter sur le terrain et à capter des balles avec les joueurs, pendant la pratique au bâton. Il était le leader de la formation et il m'avait adopté. Il y avait cependant une règle très importante : je pouvais courir après les balles frappées au sol, mais pas après les ballons. J'avais reçu cette directive d'un voltigeur de centre du nom de Solly Drake (qui a joué avec les Dodgers, les Phillies et les Cubs). Il m'avait dit :

— *Fly balls : you don't touch. Danger zone.*

J'aurais bien voulu attraper un ballon, mais malgré toute ma bonne volonté, je n'y suis jamais arrivé. Ça a l'air facile, comme ça, attraper un ballon… Ça ne l'est pas.

Un des joueurs qui m'ont marqué s'appelait Jim Gentile. Gentile a longtemps joué dans les ligues majeures (il a connu une saison de 46 circuits et 141 points produits avec les Orioles de Baltimore, en 1961). Il venait nous voir jouer au parc Consol à Montréal, nous, les jeunes de 11 et 12 ans. Jim Gentile était un de nos spectateurs ! Mieux que ça, il descendait des estrades et venait jouer avec nous. Et il n'était pas le seul.

Je me souviens de Clyde Parris, joueur de troisième but, et du renommé Sparky Anderson, joueur de deuxième but. Ils venaient au parc Consol, ou au parc Rouen, et prenaient quelques minutes pour lancer la balle avec nous. Plusieurs années plus tard, Anderson est devenu le gérant des glorieux Reds de Cincinnati (« The Big Red Machine »). Que pensez-vous que Rodger Brulotte a fait ? Eh oui, je lui ai rappelé cette sensationnelle époque où il venait s'amuser avec nous dans les petits parcs de la ville de Montréal. Et il s'en souvenait parfaitement.

Le stade Delorimier, j'en suis convaincu, évoque aujourd'hui d'innombrables souvenirs pour autant d'anciens partisans de la fabuleuse époque des Royaux. Je vous en donne un exemple, qui ne concerne pas n'importe qui ; il implique l'un des plus grands joueurs de l'histoire des ligues majeures, Stan « The Man » Musial. Pour ceux et celles qui ne le connaîtraient pas, Musial, membre du Temple de la renommée, a été le meilleur joueur de l'histoire des Cards de St. Louis, et le plus célèbre de tous les athlètes à avoir joué, tous sports confondus, dans cette grande ville du Midwest.

La première fois que j'ai rencontré monsieur Musial, c'était lors d'un voyage des Expos à St. Louis. Sans gêne comme toujours, je me suis présenté à lui. Nous avons discuté pendant de longues minutes, comme si nous étions les meilleurs amis du monde. Je lui ai mentionné qu'il avait déjà joué à Montréal, du temps des Royaux, dans les années 1930. Ses yeux se sont aussitôt allumés. Même après tout ce temps, il était capable de me décrire le stade comme si c'était lui qui l'avait conçu :

— Dans le champ droit, il y avait une bâtisse qui s'appelait Knit to Fit. Tous les frappeurs gauchers visaient le toit de cet édifice. Et il y avait aussi un trou dans la clôture. Si un frappeur frappait la balle dans le trou, c'était un bonus de 300 $. 300 $! Toute une somme à l'époque !

Je me souvenais moi-même de tous ces détails, évidemment, mais quand c'est un géant de la trempe de Musial qui te les rappelle, ça prend une tout autre dimension.

D'ailleurs, c'est en repensant à ces moments où je « patrouillais » le champ centre du stade Delorimier que, plusieurs années plus tard, alors employé des Expos et à la fois gérant des pee-wee de l'Immaculée-Conception, j'amenais ma petite gang s'entraîner sur le terrain des Expos, au parc Jarry, quand la grande équipe était en voyage.

UN LANCER DU TONNERRE !

Quand je revisite mon extraordinaire jeunesse dans un quartier défavorisé, il y a une autre scène que je revois avec émotion.

Nous étions une douzaine de petits gars et on jouait au hockey sur une patinoire extérieure du quartier. Est arrivé un jeune homme – jeune, bien que plus vieux que nous –, qui a sauté sur la glace et s'est délié bras et jambes en lançant sur le filet. Il avait un lancer du tonnerre ! Soudainement, un de nous l'a reconnu : c'était Claude Provost, ailier droit du Canadien de Montréal ! Imaginez, une des stars du gros club Canadien se souvenait de ses racines. Monsieur Provost était un gars du coin, et quand il en avait le temps, il prenait quelques heures pour venir allumer les yeux des jeunes sportifs des Loisirs Saint-Eusèbe et Saint-Anselme. Il ne le faisait pas pour les caméras, les caméras n'existaient pas… Il le faisait pour nous.

UN *LIFT* MÉMORABLE

Quand je songe à toutes les vedettes sportives que j'ai croisées enfant, un souvenir se démarque des autres. Au milieu des années 1950, on a procédé à l'ouverture du centre commercial Maisonneuve et de la salle de quilles attenante. Je n'avais pas 10 ans. Deux athlètes, invités pour l'occasion, m'ont soudain aperçu. L'un d'eux m'a demandé où j'habitais. Je lui ai indiqué la rue Hogan, à quelques minutes de là.

— Embarque, on va aller te reconduire.

La voiture était une Chevrolet Impala noire, décapotable. Tout près de chez moi, comme d'habitude, un groupe d'enfants jouait à la balle dans la rue. Je suis descendu de la voiture. Les deux hommes aussi.

Le conducteur de la Chevrolet était Sam Etcheverry, le quart-arrière des Alouettes de Montréal, et l'autre type était Dickie Moore, ailier gauche étoile des Canadiens. Ils ont pris le temps de signer des autographes pour la vingtaine de petits gars qui jouaient, puis ils sont repartis.

REDONNER

Je pense à ces soirées de remises de prix, tenues dans de très humbles sous-sols d'église. Boom-Boom Geoffrion y assistait régulièrement, moyennant le faramineux cachet de… zéro dollar. Aujourd'hui, en revoyant ces scènes, je me dis: «Si eux le faisaient, pour quelle raison je ne le ferais pas?» Je n'ai pas la renommée des grands athlètes, on s'entend, mais je constate que ma présence fait plaisir aux gens. S'ils savaient à quel point tout le plaisir est pour moi…

C'est en me rappelant ces moments magiques que j'ai un jour décidé que c'était à mon tour. Je ne suis pas Sparky Anderson, ni Stan Musial, ni Claude Provost, ni Tommy Lasorda, ni Sam Etcheverry, mais la vie a fait en sorte que je suis devenu un visage connu. Je suis le gars qui décrit les parties des Expos. Je suis le gars qui crie: «Bonsoir, elle est partie!» Celui qui s'égosille en répétant: «Vladimir! Vladimir! Vladiiiiiiiiiiiiiimir!» Je suis le gars du *Journal de Montréal*.

Ainsi, depuis des années, je vais dans les parcs de balle, discrètement, et je m'assois dans les petits gradins, ou je reste debout derrière l'abri, et je regarde. Je dis bravo à celui-ci qui frappe un beau double dans l'allée de droite. Bravo à celui-là qui effectue un relais parfait 6-3. Bravo à l'arbitre qui a pris la décision rapidement sur un jeu serré au marbre. «*Good call*, l'arbitre!» Les jeunes, leurs parents et leurs entraîneurs me reconnaissent et sont contents de m'y voir. Et moi, je suis content d'y être.

Dans les grandes ligues

Quand les Expos ont obtenu leur franchise, en 1968, j'avais une idée fixe : je voulais travailler avec eux, un jour ou l'autre. Le plus tôt possible.

À ce moment-là, je gagnais très bien ma vie comme vendeur de vadrouilles et de balais pour une compagnie qui s'appelait Imperial Mops and Brooms. Pour ne jamais perdre ma passion pour le baseball, en même temps, j'étais l'assistant de Gilles Malette, gérant d'une équipe junior, le Kiwanis Est. Le célèbre avocat Frank Shoofey et le juge Yves Mayrand étaient les directeurs de l'équipe.

Parmi les spectateurs réguliers qui venaient nous voir triompher au parc Laurier, il y avait Claude Poirier, Robert Bourassa, Claude Blanchard et Robert Gravel, le grand penseur et acteur, fondateur de la LNI.

Un grand ami, Richard Bélec, patron de Baseball Québec, que je connaissais depuis toujours et qui a été un allié important dans mon cheminement professionnel, m'a recommandé à André Pratte, alors dépisteur pour les Expos au Québec. André Pratte m'a demandé de me joindre à son équipe comme dépisteur dans ma petite région. Pas de salaire, mais une belle carte d'affaires aux couleurs des Expos : « Rodger Brulotte, dépisteur, Expos de Montréal. » Wow.

Plusieurs excellents joueurs ponctuaient l'alignement, mais deux se distinguaient : Denis McSween et Michel Dostaler, deux lanceurs. Le premier était gaucher et le second, droitier. Je les ai recommandés à André Pratte. McSween et Dostaler ont signé, mais n'ont jamais gradué avec la grande équipe. Il faut dire qu'à cette époque, les directions des équipes professionnelles mineures nourrissaient des préjugés vis-à-vis de tous les joueurs qui n'étaient pas américains, à l'exception des Sud-Américains. Ainsi, de nombreux athlètes locaux n'ont jamais eu leur chance.

Quand les Expos, et plus tard les Blue Jays, ont obtenu des concessions, cette philosophie a quelque peu changé, et le talent local a été reconnu davantage. Mais au début, c'était mission impossible. Je suis convaincu que si les choses avaient été différentes, un Michel Dion par exemple, receveur merveilleux, aurait pu être le second de Gary Carter pendant des années. Il avait le talent nécessaire. Dion a été gardien de but pour les Nordiques de Québec.

Comme je l'ai mentionné, je gagnais un excellent revenu comme vendeur de vadrouilles et balais; je n'avais donc pas besoin de salaire. Et puis, ce poste me donnait l'occasion de passer du temps le nez collé sur les clôtures des terrains de balle, ce qui, pour moi, était du temps de qualité.

C'est à la même époque qu'est entré en scène Mel Didier, premier responsable de l'ensemble du recrutement des Expos, directeur du développement des joueurs, et ami de longue date de John McHale.

Mel Didier et mes débuts avec les Expos

Mel Didier est natif de la Louisiane, un Cajun. Il a complété ses études à la LSU (Louisiana State University), où il était un athlète étoile multidisciplinaire. Il aurait pu jouer au football, mais il a choisi le baseball. Il a eu sa chance comme joueur dans l'organisation des Tigers de Detroit (où il a rencontré John McHale et s'est lié d'amitié avec lui). Une blessure a mis fin à ses espoirs de jouer dans les majeures, et il s'est immédiatement tourné vers le recrutement.

Mel Didier a été éclaireur pour les Tigers, puis pour les Braves. Il a ensuite accepté l'offre de McHale et est devenu le grand patron du développement et du recrutement des nouveaux Expos de Montréal. Steve Rogers, Gary Carter, Andre Dawson, Tim Raines, Larry Parrish, Ellis Valentine et tant d'autres : c'était lui, c'était sa signature. Encore aujourd'hui, il est reconnu comme un des plus grands de sa profession.

Plus encore, il a contribué à bâtir les Expos grâce à ses choix d'instructeurs, de gérants, d'éclaireurs et d'entraîneurs. Nommer ces gens-là à des postes-clés dans l'organisation, surtout dans les ligues mineures, c'était pourtant moins éclatant que de découvrir un joueur étoile. Ces nominations n'apparaissaient pas dans les journaux, personne n'en parlait, mais c'était la base même de toute l'organisation. Sous la gouverne de Mel Didier, des hommes de baseball de très fort calibre sont nés. Je pense à Larry Bearnarth, instructeur des lanceurs, à Karl Kuehl, développeur de talent, à Walt Hriniak, un maître dans l'art de guider les frappeurs. Tous ces grands hommes de baseball ont été découverts et embauchés par Didier*.

Pour un gars dans la toute jeune vingtaine comme moi, avoir Mel Didier pour mentor, c'est comme avoir Albert Einstein comme professeur de physique, rien de moins.

Un jour, inspiré par ce qu'André Pratte et Richard Bélec lui avaient raconté à mon sujet, il m'a rencontré, puis m'a invité à l'accompagner à Bradenton, en Floride, où tous les jeunes sélectionnés par les Expos tenaient un mini-camp d'entraînement d'une semaine. J'étais intimidé par Mel Didier. Je savais qu'il était d'un immense calibre. La crème de la profession.

— Tu vas venir voir comment on développe des joueurs de baseball, m'a-t-il dit.

Bien sûr, j'ai accepté. Une semaine de cours intensifs.

Il m'a tout expliqué en détail. Comment évaluer un joueur. Quoi regarder. De quelle façon regarder. Comment découvrir les forces des uns et les faiblesses des autres. Mel Didier m'amenait partout, me présentait les entraîneurs, les recruteurs professionnels, les joueurs, tenait à ce que je l'accompagne dans les réunions, me montrait ses cahiers de notes. Pour un jeune amateur de baseball à l'aube d'une carrière, c'était le paradis, c'était inespéré.

Didier me soulignait les petits détails à surveiller quand j'évaluais un jeune joueur, par exemple les mains. Pas l'habileté des mains, pas le talent des mains. L'aspect physique des mains. Être capable de regarder les mains des joueurs et en déduire leur potentiel. Un joueur de baseball, à moins de rares exceptions, aura toujours de longs doigts, de grandes mains. Autre exemple : la course. Tout le monde court, c'est un geste naturel, mais il faut prêter une attention particulière à la façon dont le pied atterrit sur le sol à chaque pas. Si le pied atterrit sur le talon, ce joueur ne sera jamais voltigeur… Les voltigeurs sont des chevreuils. Le bout

---

* Si vous désirez en savoir plus sur Mel Didier, fouillez sur le Web et visionnez le documentaire *Scout's Honor, the Mel Didier Story*. Vous comprendrez mon enthousiasme.

du pied doit atterrir sur le sol avant le talon. Une incontournable loi de la nature du baseball.

De retour à Montréal, c'est lui encore, Mel Didier, qui m'a accompagné dans le vestiaire. Il m'a présenté les joueurs, Gene Mauch, le gérant, et les autres membres du bureau.

À la fin de la saison 1969, il m'a convoqué aux bureaux administratifs des Expos, coin Peel et Sainte-Catherine.

— Rodger, tu commences demain. Tu es dorénavant mon adjoint administratif au recrutement. *Congratulations.*

Salaire annuel : 22 000 $. Beaucoup moins que ce que je gagnais à vendre des vadrouilles et des balais. Mais il faut ce qu'il faut, et j'ai remisé vadrouilles et balais dans le placard, définitivement.

Ce soir-là, j'ai annoncé la grande nouvelle à mes parents.

— Papa, Mom : j'ai été embauché par les Expos. Je suis l'adjoint de Mel Didier, le patron du recrutement.

Mon père m'a posé une seule question, courte et claire :

— Le salaire ?

— 22 000 $.

— Hmmm. Une baisse de salaire de 18 000 $. Tout un négociateur, mon Rodger !

Ma mère s'est tournée vers lui.

— Paul, si Rodger croit qu'il sera heureux dans ce qu'il fera, c'est tout ce qui compte. *Go, Roddy. Do it.* On t'a jamais mis dehors, tu peux venir coucher ici aussi longtemps que tu voudras. *Be happy, my son.*

Le lendemain, je suis entré au bureau et j'ai pris connaissance de mes tâches. Il fallait que je prépare tous les dossiers pour Mel Didier. Je devais être en contact quotidiennement avec tous les recruteurs de l'équipe, et je devais remplir des fiches avec les renseignements que ces éclaireurs me donnaient sur chacun des prospects qui leur apparaissaient dignes d'intérêt. Le recruteur pour le Texas en avait 20, celui de République dominicaine en avait 16, celui de la côte californienne en avait quelques-uns aussi, tout comme ceux du Québec, de Porto Rico, du Midwest, de la Nouvelle-Angleterre, de la Floride, etc. Je dressais donc des listes en les annotant, selon les priorités établies par monsieur Didier.

Je recevais aussi les rapports des dépisteurs professionnels, ceux qui parcouraient les stades du réseau du baseball professionnel mineur – les ligues «A», «AA» ou «AAA». Je remettais ces rapports à Jim Fanning, le directeur gérant des Expos. J'ai vu défiler des centaines de noms de joueurs desquels discutaient Didier, Fanning, Mauch, le gérant et les autres responsables des opérations baseball.

Je me souviens, entre autres, d'un rapport que j'ai rédigé, pour lequel les infos m'avaient été fournies par un de ces éclaireurs. Les Dodgers de Los Angeles étaient intéressés à faire l'acquisition du lanceur gaucher Dan McGuinn. En retour de McGuinn, les Dodgers proposaient deux prospects, deux joueurs des mineures qui n'avaient encore rien prouvé dans les majeures, mais qui montraient un potentiel certain. Les deux joueurs en question : deux inconnus du nom de Steve Garvey et Ron Cey, qui sont devenus des superstars… Mais Mauch ne voulait rien savoir de l'idée de se départir de McGuinn.

À la fin de 1972, un peu plus de deux ans après mon embauche avec les Expos, alors que j'étais encore en plein apprentissage (j'ai passé ma vie « en plein apprentissage » ; c'est encore le cas aujourd'hui…), mon patron a eu un autre mandat à me confier.

Il faut savoir que Mel Didier ne « demandait » pas réellement. Il disait à ses employés ce qu'ils avaient à faire, et on s'exécutait. Il n'y avait pas de choix de réponse.

Monsieur Didier savait que ce nouveau mandat allait être très exigeant. Il était un peu comme un père qui lance son jeune enfant dans la piscine ; il reste aux aguets, surveille de près, prévient les accidents, mais il dit à l'enfant : «Vas-y, mon gars, nage.»

Nous étions donc à Homestead en Floride quand Didier m'a confié à moi, et à moi seulement, l'organisation du prochain camp d'entraînement de l'équipe ! Une tâche énorme. Le camp devait commencer à l'hiver 1973. J'avais 25 ans, et me voilà à piloter le camp d'entraînement d'une équipe des ligues majeures.

Et une équipe qui, selon la bible de McHale, devait tout faire à la perfection, et même une coche au-dessus. Naïveté ? Inconscience ? Stupidité ? Je ne peux pas le dire, mais j'ai plongé dans l'action. De toute façon, avais-je le choix ?

L'événement impliquait 125 joueurs. Il fallait coordonner les chambres d'hôtel pour chacun d'eux, la nourriture, le nettoyage des uniformes et un millier d'autres détails. Et préparer, bien sûr, les programmes d'entraînement.

Quand le sujet est apparu dans mes discussions avec Mel Didier, j'ai eu le culot de mentionner un livret qui me venait des Loisirs Saint-Eusèbe, intitulé *Comment jouer au baseball…* Croyez-le ou non, ce petit livre, qu'on remettait aux entraîneurs dans ma paroisse, a été le fondement du camp. Il l'a pris, l'a lu, l'a annoté, et c'est ce petit livre qui est devenu la base des camps des Expos pour les 25 années subséquentes. Faut le faire !

Il l'a rebaptisé *Expos' Way*. Ce livret contenait plein de petits détails sur les bonnes façons de faire les choses. Comment atteindre le relayeur ? Comment déposer l'amorti, ou le coup filé, où et avec quelle force, dans quelles circonstances ? Comment protéger le marbre ? Quand, comment et pourquoi faire ceci ou cela ? Aussi, des règles de comportement : un frappeur ne devait jamais lancer son casque protecteur par frustration, se pencher pour ramasser le masque du receveur adverse, etc.

Tous ces aspects techniques étaient fascinants pour moi. Il ne se passait pas une journée sans que j'apprenne une nouvelle subtilité du jeu. Mel Didier était une véritable encyclopédie. Son départ, quelques années plus tard, fut, j'oserais dire, catastrophique pour les Expos.

Un autre segment de mon apprentissage était plus dur, mais nécessaire : l'aspect humain. Quand Didier devait congédier un jeune joueur, il me demandait d'être présent dans son bureau. C'était presque toujours à briser le cœur. Un jeune homme de 18, 20 ou 22 ans à qui on a présenté la possibilité de mener une vie exceptionnelle dans un monde de rêve, et à qui on apprenait que ce rêve s'arrêtait là. Tout de suite. *You're out*. Fais tes valises et trouve-toi un autre métier, tu ne seras pas un joueur de baseball. Voir tous ces jeunes s'effondrer, ces rêves éclater, ce n'était pas la joie… Mais Mel Didier insistait pour que j'y sois.

— *Life is hard. But life is life.*

LA MÉTHODE DIDIER

Un des aspects les plus importants du métier d'éclaireur, c'est le contact avec les parents des jeunes joueurs. Mel Didier le maîtrisait à la perfection. Sa façon de procéder était fascinante. Un vendeur hors pair, dans tout ce que le mot «vendeur» a de noble. C'était un maître dans l'art de la persuasion.

Ses techniques étaient aussi diversifiées que subtiles pour convaincre les parents que leur fils avait le potentiel pour tenter sa chance auprès des professionnels et, surtout, que l'organisation des Expos était la meilleure option pour lui, sinon la seule. Il jouait la séduction de différentes façons : la douceur, le dialogue, l'humour. Il pouvait aussi être un peu plus brusque ; il s'adressait parfois au père, parfois à la mère. Il lui suffisait de quelques minutes en leur compagnie pour comprendre quelle était la meilleure façon d'arriver à ses fins, donc d'obtenir la signature du jeune. Les parents ne devaient jamais ressentir la moindre pression indue. Jamais de malaise, d'animosité.

— Quand tu entres dans la maison des parents d'un joueur, disait Didier, ton seul objectif est de ne pas repartir tant que tu n'as pas obtenu leur accord, leur signature. Si tu quittes avant, il est trop tard, tu as perdu le joueur. L'approche psychologique, c'est le plus important.

J'avais déjà une certaine expérience de travail avec les jeunes joueurs, au niveau junior. Mais le défi était alors tout autre. Chez les juniors, le but était de souder la formation pour en tirer le meilleur contre les équipes adverses. Parce que dans les mineures, l'«ennemi» n'était plus incarné par les équipes adverses; l'ennemi d'un joueur, c'était l'autre joueur, celui qui risquait de monter en grade avant lui. La compétition était d'un tout autre ordre.

JOHN HART A UNE BONNE MÉMOIRE

Un jour, je me trouvais dans le bureau de Mel et on devait, pour une énième fois, congédier un jeune joueur. Cette fois, il s'agissait d'un receveur du nom de John Hart. Son voyage dans le baseball était terminé. Il se tenait devant Mel et moi, et on lui a annoncé l'inéluctable: «C'est fini pour toi, John Hart.»

Eh bien, ce même John Hart a connu une carrière exceptionnelle. Il a transporté ses valises entre Baltimore, le Texas, Cleveland, et il est aujourd'hui président des opérations baseball pour les Braves d'Atlanta. Je l'ai revu quelques fois depuis, et il me dit toujours la même chose: «Tiens, tiens, c'est toi le gars qui m'a congédié!» Pourtant, il est devenu le président des Braves... Une affaire de rien, comme on dit!

Au fil des ans, comme les éclaireurs des autres formations me voyaient souvent dans l'entourage des vrais décideurs et savaient que j'avais un contact privilégié avec eux, j'étais devenu un interlocuteur recherché: «Peux-tu dire ceci ou cela à ton *boss*?» «Demande donc à ton patron si tel ou tel joueur l'intéresserait.» «Hey, Rodger, juste pour te tenir au courant, untel est disponible, parles-en à ton *boss*...» Quand les Expos se sont vus contraints de transiger dans le cas de Pedro Martinez, un éclaireur des Indians de Cleveland m'a envoyé dire à mes patrons que son club avait une proposition à mettre sur la table. Un lanceur et deux joueurs de position, dont un dénommé Manny Ramirez. Les Expos ont finalement envoyé Pedro à Boston contre Tony Armas Jr, Carl Pavano et un *nobody*...

AMBITION ET DÉSILLUSION

Je ne me suis jamais fixé de limites. J'ai cette vision de la vie : tout se passe par en avant. Ainsi, je n'arriverai jamais à destination. Certains disent que le bonheur est une destination ; je pense plutôt que le bonheur est un chemin. Il y aura toujours moyen d'aller, comme l'ont chanté brillamment Jean-Pierre Ferland et Ginette Reno, « un peu plus haut, un peu plus loin ».

Quand j'ai eu ma première carte d'affaires des Expos (pour un poste sans salaire), c'était ma première escale. Quelle sera la dernière ? Je ne le savais pas à l'époque et je ne le sais toujours pas. L'important, c'est d'avancer.

Ainsi, au cours de mes premières années comme employé des Expos, j'ai encaissé ma première désillusion. Jusqu'alors, tout avait fonctionné comme sur des roulettes et ma carrière ne cessait de progresser. Je ne pouvais faire autrement que de nourrir des ambitions toujours plus grandes. J'adorais mon organisation, et mon souhait le plus cher était d'aider l'équipe au meilleur de mes capacités. Et je ne connaissais pas les limites de mes capacités. J'étais donc prêt à accepter des responsabilités toujours plus importantes.

C'est alors que Marc Cloutier, un des hauts dirigeants des Expos, est arrivé dans mon cheminement. Nous discutions de mes projets, de mes aspirations professionnelles. Il a vite saisi toute l'intensité de mon engagement auprès de l'équipe. Grâce aux propos que je lui tenais, il a compris que mon objectif était de m'approcher des postes de direction, au niveau baseball.

Et un jour, il a prononcé deux phrases terribles, assassines. Savait-il qu'elles me feraient l'effet d'un coup de massue ? Je ne le crois pas. Mais je m'en souviens encore. Ces deux phrases résonnent toujours dans ma tête, 40 ans plus tard :

— Rodger, aucun francophone ne passera jamais de l'autre côté de la barrière. Aucun francophone n'atteindra un poste de direction au baseball.

J'étais assommé. Mais ma passion pour cette organisation n'allait pas s'éteindre si facilement.

Je me suis retrouvé aux relations publiques pour une première fois. Mon séjour fut de courte durée, mais j'ai beaucoup appris auprès du directeur du service de l'époque, Larry Chiasson, de Richard Griffin et de son adjointe, Monique Giroux, une femme brillante, travailleuse et solide. Larry m'a transmis bien des choses sur la bonne façon de travailler avec les médias lorsqu'on est une équipe de sport professionnel. Sa méthode de travail a par la suite été appliquée dans des entreprises de toutes sortes n'ayant rien à voir avec le baseball.

Puis, en 1977, les Expos m'ont nommé directeur des voyages. C'était une immense responsabilité. En occupant cette fonction, je m'approchais de la direction ; en fait, c'était le plus près que je pouvais espérer parvenir. Et le travail, en tant que tel, n'était pas de tout repos. Organiser tous les voyages, faire les réservations de billets d'avion et de chambres d'hôtel, gérer les transferts. Je devais aussi m'assurer de ménager l'ego de certains joueurs...

À titre de directeur des voyages, je me devais d'effectuer tous les trajets en compagnie de l'équipe. Certains joueurs avaient coutume de se comporter en princesses dès qu'il y avait des changements au programme, peu importe la raison : un avion en retard, un autobus moins luxueux que prévu, des chambres d'hôtel disponibles une ou deux heures plus tard que ce qui était planifié. Les joueurs, alors, me tombaient dessus... avec humour, Dieu merci. Sans jamais faire preuve de comportements inappropriés.

PARLONS BÉTON : LA SAGA DU STADE

Dès le début des années 1970, il était clair qu'un jour les Expos quitteraient le parc Jarry, sympathique mais petit, pour occuper le stade qui servirait de lieu central aux Jeux olympiques de Montréal. L'organisation, John McHale en tête, a donc vite entrepris des discussions avec Jean Drapeau et les autorités municipales. Les Expos, en tant que futurs locataires principaux, considéraient qu'ils avaient un certain droit de parole dans le développement de l'édifice et croyaient, en toute logique, qu'ils devaient s'impliquer dans le projet.

Nous avons suggéré deux options à l'hôtel de ville. La première consistait à augmenter la capacité de l'actuel parc Jarry en y ajoutant 15 000 sièges. Les coûts auraient été minimes, surtout si on les compare avec ceux qu'allait engendrer l'érection d'un nouveau stade. (Je ne veux pas vous donner la nausée, alors je ne préciserai pas ces coûts…) La seconde était d'installer le stade en plein centre-ville de Montréal. La plupart des équipes des ligues majeures qui se lançaient dans la construction de stades à l'époque plaçaient ces monuments au centre de grandes villes. L'idée du stade au centre-ville ne date pas des années 1990, mais bien du tout début de l'histoire de l'équipe. Selon nous, il s'agissait d'une stratégie qui aurait assuré notre survie et notre croissance.

Nos deux propositions se sont tout de suite butées au refus catégorique du maire Drapeau. Celui-ci avait à cœur le bien-être de sa ville et de ses citoyens ; on ne peut pas lui en tenir rigueur. Mais je persiste à croire qu'à ce moment-là, il a fait une erreur. Son objectif et sa pensée, dans ce dossier, étaient avant tout politiques, bien que nous ne l'ayons peut-être pas compris aussi clairement à cette époque. Sa priorité était de développer l'est de Montréal ; il n'en démordait pas. Il souhaitait donner une vitalité nouvelle à ces quartiers démunis. Dans ce but, le développement de la ligne verte du métro, qui s'arrêtait alors à la station Frontenac, était à ses yeux essentiel. Il tenait à la prolonger vers l'est, jusqu'à ce qui est devenu la station Honoré-Beaugrand. Son équation était simple : pas de stade dans l'Est, pas de prolongement de métro.

Construire un stade dans l'est de Montréal n'était pas une nouveauté dans l'esprit du maire. Il avait toujours eu cette ambition, même à l'époque des Royaux. J'ose vous rappeler, ou l'apprendre aux plus jeunes, que quand Jean Drapeau avait une idée en tête, personne ne pouvait le faire changer d'avis. On m'a souvent demandé, par la suite, si quelqu'un au-dessus de Jean Drapeau avait tiré les ficelles pour exiger la construction du stade entre les stations de métro Pie-IX et Viau. J'ai toujours eu la même réponse :

— Il n'y avait personne au-dessus de Jean Drapeau. Surtout pas les Expos !

Le Stade olympique serait donc érigé coin Pie-IX et Sherbrooke. Nous avons été forcés d'abdiquer et d'accepter cette décision. Cependant, les Expos ont pu élaborer, avec les autorités municipales, sur quelques-unes de leurs priorités. Nous souhaitions que la capacité du Stade soit limitée à 40 000 places, que les vestiaires soient adéquats et pensés dans le but d'accueillir des équipes de baseball, que l'angle des sièges offre une bonne vue au public et donne une plus grande impression de proximité entre spectateurs et athlètes. Les autorités ont semblé nous entendre au moment des discussions ; les intervenants présents ont même pris des notes et nous ont semblé démontrer une certaine ouverture.

Mais s'ils nous ont entendus, ils ne nous ont pas écoutés. Nos priorités, nos demandes, nos idées n'ont jamais été retenues. Elles ont même été balayées du revers de la main. Monsieur Taillibert, l'architecte et concepteur du Stade olympique, ne retoucherait pas une seule ligne de ses plans.

Quoiqu'il soit intéressant pour l'œil, et en dépit de son apparence grandiose, le Stade avait plusieurs défauts du point de vue du baseball. L'angle des gradins faisait en sorte que les spectateurs placés derrière ne voyaient rien. Même lorsque l'endroit était rempli à pleine capacité, le spectateur avait l'impression d'être seul.

Nous nous sommes finalement résignés : nous n'aurions ni le stade, ni l'emplacement que nous souhaitions. Et quand j'écris « résignés », c'est une réalité : rien ne nous convenait au Stade olympique. La Ville avait érigé un éléphant blanc dont nous héritions sans le vouloir. Elle avait bâti un stade pour 18 jours, un stade dont l'usage premier était d'accueillir les Jeux. Pour les athlètes, un hôtel de trois étages avait été construit, en plus du Village olympique qui se dresse sur ce qui fut longtemps un des plus beaux terrains de golf de la ville. Mais rien n'avait été planifié pour notre arrivée. Même le tableau d'affichage était inutilisable pour le baseball.

La Régie des installations olympiques avait beaucoup d'ambition et pensait y organiser de grands événements, comme les championnats du monde d'athlétisme. Combien de fois est-ce arrivé ? Pas tellement souvent… Mais la RIO devait peser plus lourd que nous.

Le grand visionnaire qu'a toujours été le maire Drapeau a manqué de vision cette fois. Oui, bien sûr, Montréal a rayonné le temps des Jeux, mais pour les perspectives d'avenir, on repassera. Mais il y aurait les Jeux et le prolongement du métro, et c'est tout ce qui comptait.

Nous avons joué le jeu sans nous plaindre publiquement. Il fallait éviter de montrer notre mécontentement. Nous allions devoir redoubler d'efforts pour convaincre les partisans de nous suivre jusqu'au métro Pie-IX. À l'interne, cependant, nous nous demandions comment il nous serait possible de nous sentir à l'aise dans ce monstre où le baseball était presque un intrus, avec ses vestiaires immenses avec jacuzzi, ses estrades populaires à trois kilomètres de la clôture, ses deux seuls ascenseurs d'une capacité totale de huit personnes et qui allaient en desservir 50 000. C'était ridicule, mais il fallait faire avec et avancer.

Nous avons donc organisé une grande parade pour célébrer le déménagement qui nous a menés du parc Jarry au Stade olympique. Nous avions l'habitude de ces parades, puisque dans les années 1970, chaque saison débutait avec un défilé. Si nous avions le sourire aux lèvres, ce n'était qu'un masque. Nous étions inquiets et nous savions que nous étions dans le trouble. Nous entrions dans l'inconnu, nos stratégies de marketing devenaient inapplicables. Il nous fallait tout repenser, tout réinventer. Quand l'enthousiasme y est, la chose devient plus facile. Ce n'était pas le cas.

De la haute direction aux relations publiques, en passant par le personnel d'entraîneurs et les joueurs, toute l'organisation se demandait bien ce qu'elle faisait dans cette galère. Les partisans non plus n'étaient pas prêts à déménager.

Quand on achète une maison, la première chose à faire, c'est mesurer la dimension de chaque pièce avant de se rendre au magasin pour y trouver les meubles adéquats. Les Expos entraient au Stade olympique comme dans une demeure clés en main, meublée du sous-sol au grenier, sans qu'aucun des meubles ne soit adapté à leurs besoins. Rien ne convenait. Aucun espace n'avait été aménagé pour accueillir l'administration : nous étions confinés dans le stationnement du Stade. Les murs du bureau de Roger D. Landry étaient faits de broche à poule. Quand il pleuvait, le bureau de John McHale était inondé par l'eau provenant des stationnements. Ça allait bien.

À ce moment, nous savions tous qu'avec ce changement de domicile, la survie des Expos serait très difficile.

Maîtres et piliers

L'éducation a deux visages. Le plus classique, celui que nous avons tous connu, c'est le contact entre un maître – appelez-le professeur, éducateur, instituteur ou enseignant – et un groupe d'élèves. Un homme ou une femme, qui a fait ses études en éducation, en pédagogie, et qui tente de son mieux de transmettre ses connaissances, son savoir, à des jeunes. J'ai vécu ça, comme tout le monde. L'éducation traditionnelle. Peut-être pas aussi longtemps que mes parents l'auraient souhaité, mais quand même.

Quand on veut exercer correctement un métier qui nous passionne, l'école est le seul chemin. Apprendre, apprendre, apprendre encore. Je n'ai pas fréquenté l'école longtemps, mais je n'ai jamais cessé d'étudier. Je ne me suis pas enfermé dans une bibliothèque à me taper des livres les uns derrière les autres, non. J'ai appris avec des maîtres. Et j'ai eu de nombreux professeurs. C'est l'autre visage de l'éducation : l'éducation informelle, celle dont j'ai profité, et dont je profiterai toujours.

Cette façon de voir l'éducation est bien différente de la méthode classique : il n'y a qu'un seul élève... et un groupe de professeurs, de maîtres, qui souvent s'ignorent.

JOHN MCHALE

Le premier président des Expos, John McHale, a été pour moi un maître, et la valeur des enseignements qu'il m'a prodigués est inestimable. Diriger une organisation comme une équipe de baseball majeur, c'est énorme, et rares sont les gens qui parviennent à le faire avec succès année après année. John McHale était de ceux-là.

D'abord, ayant lui-même joué dans les ligues majeures (au premier but, 64 matchs, avec les Tigers de Detroit dans les années 1940), il connaissait très bien le jeu. McHale (dont le fils, John Jr, occupe la fonction de vice-président exécutif à l'administration, dans le baseball majeur) a aussi reçu une éducation formelle de qualité à la réputée Université Notre-Dame. Après sa courte carrière de joueur, il a occupé des postes de haute direction avec les Tigers et les Braves, à l'époque où ceux-ci jouaient à Milwaukee. En 1968, les autorités du baseball ont fortement suggéré au propriétaire Charles Bronfman de considérer McHale pour diriger l'aventure des Expos. Bronfman l'a rencontré, et l'a embauché. John McHale est ainsi devenu le premier président et copropriétaire de la première équipe du baseball majeur à s'établir hors des frontières américaines.

Bronfman n'aurait jamais pu choisir un meilleur homme. Ce que le maître qu'a été McHale m'a montré? En un mot: la Classe. Avec un grand «c». Toute activité promotionnelle, tout événement relatif aux communications, toute situation où l'équipe allait être impliquée et où on devait voir le logo des Expos devait être de première classe. Aucun compromis. La fameuse Caravane (qui s'est promenée partout au Québec, d'est en ouest et du nord au sud), la tenue vestimentaire, les présentations, les apparitions publiques des joueurs ou des membres de la direction. Si ce n'était pas fait dans l'absolue perfection, ça ne se faisait pas. Et c'était vrai à tous les niveaux: sur le terrain, dans les avions, les bureaux, en public ou en privé.

Il n'y avait pas de demi-mesure. Pas étonnant que l'organisation, sous sa gouverne, ait été nommée plus d'une fois «organisation de l'année des ligues majeures».

Monsieur McHale savait aussi bien s'entourer. L'art de déléguer est un atout majeur pour qu'une organisation fonctionne rondement, au quotidien. De là, les embauches de Gene Mauch (un génie du baseball), de Jim Fanning, de Mel Didier et de nombreux Québécois à différents titres et dans différentes fonctions : Marc Cloutier, Roger Savard, Roger D. Landry, René Guimond, Larry Chiasson, et d'autres. Il était capital, dans la vision McHale des choses, que plusieurs de ses principaux lieutenants connaissent le public local, ses tendances, ses goûts et son histoire.

Montréal a un passé riche en matière de baseball. Particulièrement avec les Royaux de Montréal, venus au monde avant le début du XXe siècle (pour l'histoire, les Royaux ont eu deux vies : de 1897 à 1917, puis de 1928 à 1960). McHale, qui avait lui-même joué à Montréal dans l'uniforme des Bisons de Buffalo, savait que de très nombreux joueurs issus des Royaux avaient connu gloire et succès au baseball majeur. La liste est longue : Jackie Robinson, Roberto Clemente, Don Drysdale, Tommy Lasorda, Dick Williams, Don Newcombe, Sparky Anderson, Duke Snyder, Roy Campanella, Sam Jethroe et plusieurs autres… Par ailleurs, Charles-Émile Trudeau, le père de Pierre Elliott Trudeau, a été un des propriétaires des Royaux.

Ce que je retiens de monsieur McHale : la classe, l'intelligence et la vision. Croyez-moi, chaque fois que j'avais la chance d'échanger avec lui, je prenais des notes, comme tout bon élève.

ROGER D. LANDRY

Je ne pourrai jamais dire combien de temps, durant ma vie, j'ai passé à discuter avec Roger D. Landry, face à face. Cet homme a été d'une importance capitale pour moi, pour les Expos et pour le baseball majeur.

Il est monté dans le bateau Expos à la fin des années 1970. On dit de lui qu'il fut le père de Youppi ; il était beaucoup plus que ça. Roger D. était un grand concepteur, mais il était surtout un grand réalisateur. Il ne se contentait pas d'avoir une bonne idée. Il savait mener cette bonne idée à bon port ; il savait la faire aboutir dans le concret.

Roger D. était aussi en avance sur son temps. Ce qu'il préconisait, ses idées marketing, ses idées promotion étaient plus souvent qu'autrement boudées et rejetées par les hautes instances du baseball majeur, qui les trouvaient trop audacieuses. Et pourtant, aujourd'hui, la vision de Roger D. Landry est devenue la norme ; les exemples foisonnent.

En voici un qui vous donnera une idée du reste.

Bingo !

Le bureau du commissaire voyait d'un mauvais œil le fait que les Expos organisaient des bingos pendant les matchs du mardi soir. Toujours échaudés par le scandale des Black Sox de 1919 et par quelques autres événements, moins connus, ayant tous un lien avec le jeu, Bowie Kuhn et ses lieutenants voulaient éloigner du baseball tout ce qui s'apparentait aux paris sportifs. Ils jugeaient donc que le bingo était malsain. Ainsi, l'adjoint du commissaire avait convoqué Roger D. aux bureaux du baseball majeur à Manhattan. Comme il le faisait souvent, monsieur Landry m'a demandé de l'accompagner à New York.

Dans le bureau du commissaire, il y avait donc le commissaire lui-même, Bowie Kuhn, Roger D. Landry, l'assistant de Kuhn et… un dénommé Brulotte, des Loisirs Saint-Eusèbe.

J'étais aux premières loges pour assister à une autre grande performance de mon patron. Comme d'habitude, c'est l'assistant du commissaire qui a d'abord pris la parole. Même si c'est le grand patron qui, au bout du compte, prend toujours les décisions finales, il ne parle pas souvent, question de se protéger au cas où il ait à réviser certaines décisions.

L'assistant de Kuhn a donc élaboré sur les raisons pour lesquelles l'organisation montréalaise devrait en finir avec les bingos.

— Ce n'est pas dans l'intérêt du baseball majeur d'être associé aux jeux de hasard, a-t-il dit en résumé.

Monsieur Landry s'est ensuite adressé au commissaire, avec toute la grâce dont il savait faire preuve :

— Très bien, monsieur le commissaire. Nous allons obtempérer immédiatement et suivre vos directives à la lettre. L'organisation des Expos ne s'opposera jamais à vos décisions et à votre façon de voir, vous le savez.

J'étais surpris de voir Roger D. céder si facilement, sans même argumenter. Ce n'était pas le Landry que je connaissais.

Mais ce n'était pas fini. J'aurais dû attendre avant d'en arriver à cette conclusion.

Landry a alors changé de sujet et s'est de nouveau adressé à Bowie Kuhn.

— Monsieur le commissaire, j'ai une faveur à vous demander.

— Allez-y…

— J'aimerais que vous preniez quelques heures, quand vous en aurez le loisir et le temps, pour venir à Montréal afin de rencontrer une des personnes les plus influentes et prestigieuses de notre ville, sinon de notre pays : l'archevêque de Montréal, monseigneur Paul Grégoire. Vous savez que monseigneur Grégoire est très près du pape…

Bowie Kuhn était un fervent pratiquant et s'est tout de suite dit honoré par l'invitation de Roger D.

— Ce serait un honneur de lui rendre une visite de courtoisie.

— Ce ne sera pas seulement une visite courtoise, monsieur le commissaire. Vous savez, comme moi, que même les grands de l'Église catholique ont quelquefois besoin d'être ramenés dans le droit chemin.

— Qu'est-ce que vous voulez dire ?

— Toutes les églises de Montréal et de notre province tiennent, dans leur sous-sol, des soirées de bingo, question de distraire les paroissiens et aussi d'aider à maintenir à flot les humbles finances de ces institutions. Un homme de votre prestance a certainement le pouvoir de persuasion nécessaire pour convaincre l'archevêque de cesser cette activité. Évidemment, ce ne sera pas une bonne nouvelle pour lui, mais je crois que ça s'impose. Quelques églises devront fermer. Mais il faut ce qu'il faut…

Témoin de la scène, je me demande encore aujourd'hui comment j'ai fait pour ne pas m'écrouler de rire.

Monsieur Kuhn n'a pas répondu tout de suite. Il a réfléchi et s'est tourné vers son adjoint.

— Je crois que vous devriez peut-être reconsidérer la décision au sujet des bingos.

Et les bingos ont continué au stade des Expos.

Landry : 1, Kuhn : 0.

J'ai appris une autre leçon au contact du maître Roger D. Landry, et elle est liée au service ExpoTel mis en place par lui. La leçon : le service du marketing doit toujours être en confrontation avec le service des finances, et surtout avec celui des opérations. Si les gens des opérations sont d'accord avec une idée émanant du marketing, c'est le signe qu'elle n'est pas si bonne. C'est de cette confrontation, de ce choc entre les deux services, que naît le succès. Le marketing doit compliquer la vie et le quotidien des opérations. Si ce n'est pas le cas, c'est signe qu'il manque quelque chose. Ça vaut pour une équipe de baseball, et ça vaut aussi pour n'importe quel type d'organisation, j'en suis convaincu.

ExpoTel

ExpoTel était un système révolutionnaire d'achat et de réservation de billets. À cette époque, il n'y avait qu'une façon de se procurer des billets : se rendre au Stade et les acheter. Dans le but de faciliter la vie des amateurs, et en particulier de ceux et celles qui vivaient en région, monsieur Landry avait imaginé ce système.

Une parenthèse s'impose ici. Le réseau de vente de billets ExpoTel s'est transformé au fil du temps, pour devenir le réseau Admission. On peut seulement imaginer les entrées d'argent dont l'équipe aurait profité si Claude Brochu (ex-président et propriétaire) n'avait pas vendu les droits du système... On aurait pu se payer un stade, des stars, et il n'aurait jamais été question de déménagement... Fin de la parenthèse.

La mise en place d'ExpoTel a représenté un immense défi ; aucun autre système du genre n'existait alors. Tout le monde autour se demandait bien ce que Roger D. avait fumé. « Impossible à réaliser ! Utopique ! Un projet d'illuminé ! Coûts exorbitants ! » Personne ne ferait confiance à une telle entreprise, disait-on, et ce réseau de vente allait finir par mourir. On se moquait de lui et de son équipe, dont j'étais.

Nous avions pris rendez-vous avec un vice-président de la Banque de Montréal, pour lui présenter la chose. Au téléphone, il s'était montré courtois et semblait heureux de nous recevoir à ses bureaux.

Le jour du rendez-vous, ça ne s'est pas très bien passé. Son ton de voix chaleureux au téléphone nous avait mis sur une fausse piste. Plutôt que de nous accueillir avec le sourire, il a préféré nous faire poireauter plus de quatre heures dans la salle d'attente. (Heureusement que monsieur Landry était d'agréable compagnie, parce qu'une salle d'attente de banque, ce n'est pas la kermesse.) Plus le temps passait, plus nous étions convaincus que notre banquier avait un plan. Nous soupçonnions que le type pensait que, exaspérés par l'attente interminable, nous finirions par nous en aller. Mais Roger D. Landry n'était pas du genre à lâcher le morceau aussi facilement, et nous sommes restés bien sagement assis, en attendant que ce type finisse par nous recevoir.

Finalement, sans doute lassé de nous voir si patients, il nous a invités à passer dans son bureau. Il a consulté notre plan d'affaires et, au bout de quelques minutes, a constaté, à son grand étonnement, que le document était solide, précis, et que le projet était étayé par de nombreuses preuves vérifiables. L'expérience ExpoTel était viable.

La stratégie était simple : nous avions négocié une entente avec les groupes de cartes de crédit Visa et MasterCard. On allait joindre un formulaire d'achat de billets à chacun des états de compte que recevaient mensuellement les clients de ces institutions. L'expérience devait durer trois mois. Les deux groupes n'avaient rien à perdre, et c'est pourquoi ils ont accepté notre offre.

Nous étions à l'aube de la saison 1979. La démarche était géniale, mais risquée. Quand on innove, les risques d'erreur sont plus nombreux. D'une certaine façon, c'est jouer avec le feu. À tout moment, une bourde vous guette…

Cette bourde s'est effectivement pointée. Et elle s'est pointée dans ma cour. C'est moi, Rodger Brulotte, des Loisirs Saint Eusèbe, qui est passé à un cheveu de tout foutre en l'air. Pas nécessaire de m'applaudir. J'ai commis une gaffe monstrueuse… Quand j'examine ma carrière au sein des Expos, je n'ai pas une vilaine fiche, mais cette gaffe… C'est comme accorder un grand chelem en fin de neuvième, lors du septième match de la série mondiale. Heureusement, il n'y avait pas de caméras pour l'enregistrer, sinon, ce serait du matériel pour YouTube.

Nous étions trois en charge de préparer le nécessaire : l'imprimeur, mon collègue Normand Martin et moi-même. Nous avons rédigé le formulaire d'achat de billets, en mettant bien en évidence le numéro de téléphone magique, et l'imprimeur s'est chargé de le mettre en page. Quand nous avons reçu la version finale des formulaires et que tout était prêt à être envoyé à Visa et à MasterCard, le temps pressait. Les deux institutions étaient sur le point d'envoyer les états de compte à leurs clients, et il fallait prévoir un certain délai pour insérer le document ExpoTel dans les enveloppes.

Le nom « ExpoTel » est la combinaison de deux mots : Expos et téléphone. C'est assez rudimentaire. En recevant le formulaire, Roger D. Landry est devenu mauve de rage. Je dis mauve, mais je pourrais rajouter toutes les couleurs de l'arc-en-ciel.

— Quoi, monsieur Landry ? Quelque chose ne va pas ?

En effet, quelque chose n'allait pas. Le génial Brulotte avait commis une petite erreur : je m'étais trompé de numéro de téléphone. Ce numéro, qui était au centre de toute la stratégie. Ce numéro que devaient composer les clients qui souhaitaient faire l'achat de billets ! Une petite erreur qui allait coûter 25 000 $ de frais d'impression, sans compter le retard impossible à rattraper. Embarrassé, vous dites ? Je cherchais une corde et une chaise.

Jamais de ma vie je ne m'étais fait ramasser par un patron, ni par qui que ce soit, de cette manière-là. J'étais certain qu'il allait me congédier sur-le-champ, lancer une campagne de dénigrement contre moi, me faire envoyer à Alcatraz ou me jeter aux crocodiles. Et franchement, je crois que je l'aurais mérité. Les Expos tentaient une expérience ultra-novatrice, une stratégie de mise en marché à laquelle personne n'avait jamais pensé. Il nous avait fallu faire des pieds et des mains pour convaincre la banque et l'organisation des Expos au grand complet de monter dans le train – l'équipe de direction ne croyait pas à la viabilité de ce nouveau projet, et Landry avait joué gros pour parvenir à le faire accepter.

Et Rodger Brulotte accorde un grand chelem : une belle grosse rapide juteuse, au milieu de la zone des prises. « Bonsooooooiiiiiir… » Vous connaissez le reste.

Après avoir bien explosé, monsieur Landry a réagi à la vitesse de l'éclair. Il m'a immédiatement demandé de contacter Bell Canada pour savoir si le numéro erroné était disponible. Bell lui a dit que ce numéro n'avait été assigné à personne. Parfait ! Ce serait le nouveau numéro d'ExpoTel. Bell a vite enclenché et ajusté les choses. La gaffe était réparée. Le voltigeur de centre avait sauté 12 pieds dans les airs et capté le ballon. Dieu merci !

La suite prouve à quel point Roger D. Landry était – et est encore – un grand homme. Lorsqu'il a dû expliquer l'erreur au président John McHale, il n'a montré personne du doigt : ni moi, ni l'imprimeur, ni Normand Martin. Il a simplement rencontré monsieur McHale et lui a dit : « C'est une erreur d'équipe. » La grande classe…

Cette année-là, grâce entre autres à ExpoTel, les Expos ont été choisis « Meilleure organisation de mise en marché » dans tout le baseball majeur. Une distinction qui nous a rendus très fiers et qui a permis d'oublier la gaffe majeure que j'avais commise.

Noël en juillet

On connaît la popularité du « Noël du campeur » au Québec. Dans presque tous les terrains de camping, la tradition veut qu'on célèbre Noël le 25 juillet. Toujours à la recherche de nouvelles idées pour amener du monde et des familles au Stade, j'ai eu l'idée d'organiser pendant l'été une parade du père Noël. J'ai mis deux ans à convaincre Roger D. Landry.

Deux minutes à peine après qu'il m'a finalement donné le « go », j'appelle une entreprise de Val-David, dans les Laurentides (la capitale du père Noël), afin de louer des rennes qui accompagneront le père Noël au Stade. J'embauche aussi un père Noël d'expérience.

Arrive le 25 juillet. Je reçois un appel de l'éleveur de rennes : comme il fait trop chaud ce jour-là, il ne sera pas possible de transporter les rennes jusqu'à Montréal sans mettre leur santé en péril. Plan B : je me dirige aussitôt vers le Vieux-Montréal, et je paye un cocher pour réserver son cheval et sa calèche.

Je reviens au Stade, fier de mon initiative. C'est là que j'aperçois mon père Noël vêtu de rouge, complètement bourré : il sent l'alcool à trois kilomètres à la ronde. Il faut le remplacer. Je ne fais ni une ni deux et je demande à Jean Arbour, grand responsable des placiers, de jouer le père Noël. Le costume est beaucoup trop grand pour lui, on doit le remplir avec des oreillers.

Mais je n'étais pas au bout de mes peines : j'avais aussi embauché deux corps de tambours et clairons pour accompagner le père Noël et sa calèche. Juste avant leur entrée dans le Stade, la bataille a éclaté entre les deux chefs. Ils étaient incapables de s'entendre sur l'ordre de sortie : qui allait devant et derrière la calèche… Un de mes adjoints, Marcel, et moi, nous nous sommes interposés et nous avons ramené la paix (!). Brulotte le diplomate.

Et la fête a continué… Nous avions eu l'idée de donner des balles de baseball aux partisans, en guise de cadeau de Noël. Le père Noël se promène sur la piste d'avertissement, assis sur sa calèche, lançant des balles dans les estrades populaires. Certains spectateurs, aussi éméchés que mon père Noël professionnel, se sont alors mis à relancer les balles au bonhomme, comme dans une foire, devant 40 000 personnes. Le pauvre Jean Arbour se protégeait des tirs en mettant ses bras sur sa tête…

Devant mes yeux se déroulait mon retentissant échec.

Quand je suis revenu sur la galerie de la presse, dépité, je n'ai pas dit un mot. Roger D. Landry m'attendait.

— Rodger, c'était ta dernière parade. Joyeux Noël…

Réunion d'experts en marketing baseball

En 1979, la réunion annuelle de tous les services de marketing des équipes du baseball majeur avait lieu en Arizona. Roger D. Landry et moi-même y représentions les Expos.

Au cours de ces réunions, on discute nouvelles idées publicitaires, nouvelles idées de promotion ou de mise en marché. Rien de bien spectaculaire, quoi. *Business as usual*, comme disent les Anglais.

Encore une fois, mon patron a jeté tout le monde à terre. Confiant et visionnaire comme toujours, quand est venu son tour, il a pris la parole pour présenter quelques idées qui allaient créer des remous et provoquer des réactions, la plupart, je l'avoue, incrédules et même négatives. Je vous fais grâce de l'ensemble de son exposé ; je vous en donne les deux points principaux.

— Nous, des Expos de Montréal, pensons qu'il serait excellent pour la santé et la vivacité du baseball majeur d'augmenter le nombre d'équipes participant aux séries de fin de saison, et aussi d'intégrer à la saison régulière des matchs interligue. Par exemple, la venue d'équipes comme les Yankees et les Red Sox attirerait des foules dans tous les parcs de la Nationale, sans aucun doute, comme les Dodgers ou les Cards dans les parcs de l'Américaine.

Le représentant des Angels de Los Angeles, un certain Red Patterson, une des stars du marketing au baseball de l'époque, s'est levé et nous a adressé la parole. Il y avait du mépris dans son attitude et dans ses mimiques. Imaginez : deux gars, avec un accent français du Québec, qui suggèrent de virer la planète baseball à l'envers. Le baseball est un sport très conservateur, accroché à ses traditions. Mettre un nouveau gadget en promotion, ça va. Mais ébranler le fondement même du baseball majeur ? Wo. Un instant.

— Messieurs, a dit Patterson, avec tout le respect que je vous dois, vous ne comprenez rien. Vous venez d'une ville de hockey. Ce que vous suggérez n'arrivera jamais. Jamais. *N-E-V-E-R.* Passons à un autre sujet.

Sans perdre son calme et sa prestance, inébranlable et toujours poli, Roger D. Landry lui a répondu :

— Monsieur, si nous n'avançons pas, si nous n'évoluons pas, le baseball ne deviendra jamais plus populaire qu'il ne l'est aujourd'hui. Celui qui n'avance pas recule.

Cette réplique a jeté un froid dans la salle. Toutefois, la majorité des jeunes équipes de marketing étaient d'accord avec nous.

Des années plus tard, surtout grâce au caractère et au talent de Claude Brochu, les idées de Roger D. Landry jadis considérées comme saugrenues ont été appliquées telles quelles, et les résultats ont été probants. Toutes les équipes en sont devenues plus riches et plus prospères. Je n'ai jamais su si Red Patterson des Angels lui avait envoyé ses excuses…

Au cours du même congrès, un autre type a pris la parole. Je ne me rappelle plus son nom, mais je me souviens de son poste : il était la tête dirigeante du département de sociologie de l'université Princeton. Il nous a expliqué que, de plus en plus, les gens quittaient les grandes villes pour habiter les banlieues et que le jardinage, le golf, les différents passe-temps allaient gruger la clientèle du sport professionnel et ainsi faire baisser de façon significative les assistances dans les différents stades. Les gens du marketing l'écoutaient, mais leur attitude trahissait un doute. Certains trouvaient ses propos carrément ridicules. Il a ajouté qu'avec les années, sinon les mois qui suivraient, la télédiffusion des matchs prendrait de plus en plus d'importance au baseball, comme dans les autres sports majeurs.

Son exposé est passé dans le beurre. Personne, à ce congrès de 1979, n'a cru cet universitaire de Princeton. Grave erreur.

Je dois dire que nous étions dans le doute, comme les autres. Nous avons levé le nez sur ses propos, et nous n'aurions jamais dû. En négligeant l'importance grandissante des télédiffuseurs, nous pensions créer un « manque » médiatique qui forcerait les amateurs à se déplacer en toujours plus grand nombre vers le Stade… Les Expos ne furent d'ailleurs pas les seuls à commettre cette erreur.

Quand on y réfléchit bien, depuis quand le sport professionnel a-t-il atteint son immense cote de popularité auprès du public et des annonceurs ? Sans aucun doute depuis qu'on présente son *show* systématiquement à la télé. Depuis ce changement de vision, les équipes sont devenues beaucoup plus riches. Et je ne parle pas du salaire moyen des joueurs, qui a littéralement explosé depuis l'arrivée en masse des diffusions télévisuelles.

Mais c'est l'histoire qui se répète, comme toujours.

La radiodiffusion des matchs de baseball a commencé au début des années 1920. En fait, le premier match radiodiffusé venait de Pittsburgh. Les Pirates recevaient la visite des Phillies*. C'est dans les années 1930 que la radio s'est imposée comme vecteur de communication, même si une majorité de propriétaires d'équipe voyaient la radio comme un poison qui allait nuire à leurs guichets. Ça a été le contraire : les ventes de billets ont explosé. Plus ça change…

Le départ de monsieur Charles Bronfman, premier propriétaire majoritaire des Expos, a été la plus grosse perte que l'équipe

---

* Pour les curieux, le score final était Pirates 8, Phillies 5.

ait subie au cours de son histoire, avant même les départs des Carter, Staub ou Guerrero. Le départ de Roger D. Landry, en 1981, arrive tout juste derrière celui de monsieur Bronfman. Roger D. Landry, à son époque avec les Expos, était partout, et son esprit fourmillait sans cesse de nouvelles idées pour améliorer l'image et la visibilité de l'équipe.

L'amitié de Charles Bronfman et de Roger D. Landry était fondée sur un grand respect mutuel et sur un sens de l'humour bien particulier. Ils n'hésitaient jamais à se lancer d'amusantes moqueries. Comme cet échange entre les deux, sujet du renouvellement du contrat de Steve Rogers, qui éprouvait des problèmes au bras. Landry avait suggéré à Charles Bronfman de ne pas signer Rogers à long terme, d'évaluer dans les mois suivants la condition de son bras. Comme monsieur Landry venait de se mêler de quelque chose qui n'était pas de son ressort, Bronfman lui avait répondu à la blague :

— Écoute, Roger, n'oublie jamais que trouver un bon lanceur est plus difficile que trouver un vice-président au marketing. Faites les campagnes que vous voulez, mais le produit est sur le terrain, ne l'oubliez pas. Et ça, c'est mon affaire.

Le départ de Roger D. Landry est survenu de manière un peu triste. C'était en fait le fruit d'une décision administrative. L'équipe devait promouvoir un des membres à titre de vice-président exécutif. Charles Bronfman hésitait entre deux candidats : Roger D. Landry et Harry Renaud, qui occupait alors le poste de vice-président aux finances. Les deux hommes avaient les qualités requises pour cette promotion. La haute direction a choisi le second. Déçu de se voir relégué au second plan, mais sans amertume, Roger D. Landry a donné sa démission.

Si monsieur Bronfman considérait qu'il était plus facile de trouver un directeur du marketing qu'un bon lanceur, il est aussi plus facile de trouver un comptable qu'un bon visionnaire.

L'ironie, dans toute cette histoire, c'est que Harry Renaud a quitté l'équipe peu de temps après avoir été nommé.

RENÉ GUIMOND

Après le départ de Roger D. Landry, l'organisation a fait appel à René Guimond, un jeune gestionnaire dynamique. René s'est beaucoup inspiré des stratégies de son prédécesseur.

Dès ses débuts dans l'organisation, il a fait un travail brillant. Il est arrivé à un moment charnière. Ce fut une année difficile à gérer à plusieurs égards pour l'organisation, et surtout pour le service des relations publiques. C'était la grève de 1981 ; l'année suivante, le commanditaire principal des Expos, la brasserie O'Keefe, mettait fin à son association avec l'équipe. Il est impossible pour une organisation professionnelle des grandes ligues de survivre sans un commanditaire majeur. Guimond devait donc remplacer O'Keefe. En quelques semaines seulement, il était parvenu à convaincre Labatt d'embarquer dans le bateau des Expos.

René Guimond avait un autre dossier majeur entre les mains : le match des étoiles. Pour toute équipe des ligues majeures, accueillir le match des étoiles représente un défi et un honneur. Guimond, qui avait bien appris les leçons de Landry (il est allé lui demander de se joindre au comité des activités entourant l'événement), ne voulait pas se contenter de répéter ce que les autres équipes avaient fait les années précédentes. Il voulait innover, ce qu'il fit avec brio. Il inventa de nouveaux concepts auxquels le baseball majeur est demeuré pour toujours attaché. Par exemple, les Expos ont été les premiers à organiser le concours de coups de circuit, devenu par la suite une tradition. Personne aujourd'hui ne pourrait imaginer un match des étoiles sans cet événement !

Dans bien des domaines, René Guimond a poursuivi le travail avant-gardiste de Roger D. Landry. Sous sa gouverne, les Expos ont vendu plus de 2,7 millions de billets pour la saison 1983, malgré des mois d'avril et mai à la température très peu clémente. Près de trois millions de spectateurs ! Et certains maintiennent encore aujourd'hui que Montréal n'est pas une ville de baseball !

Il y avait aussi les soirées « hot-dogs à 1 $ », que nous avons commencé à organiser quelques années plus tard. Quand nous avions annoncé le lancement de ce concept, toutes les équipes des ligues majeures s'étaient foutu de notre gueule. Elles ne voyaient ni intérêt, ni avenir pour cette idée. Aujourd'hui, elles en organisent toutes. Et pas seulement au baseball, mais dans l'ensemble du sport professionnel en Amérique du Nord.

CLAUDE BROCHU

Vous ne m'entendrez jamais dire un mot contre cet homme. Un homme inventif, visionnaire, un innovateur. Je ne dis pas qu'il est l'unique responsable de certaines grandes innovations du baseball majeur, mais il en était un des instigateurs, probablement le plus éclairé et le plus fin renard : la nouvelle formule des séries, les matchs interligue, le partage des revenus.

J'ai toujours eu beaucoup de plaisir avec monsieur Brochu, un homme respectueux et gentil avec chacun de ses employés. N'eût été son flair et son travail, les Expos auraient quitté Montréal bien avant 2004. Quand Charles Bronfman a décidé de ramasser ses billes et de quitter les Expos, c'est Claude Brochu qui a convaincu un groupe d'hommes d'affaires d'investir dans l'équipe afin de la garder en ville. C'est un homme en qui je croyais, au point de le suivre aveuglément.

A-t-il toujours pris les bonnes décisions ? Sûrement pas. Mais qui peut se vanter d'avoir toujours eu raison ?

Je crois cependant que dans ses relations et ses négociations avec le premier ministre Bouchard, il a abandonné trop vite. Il a lâché le morceau trop rapidement. Je sais que Lucien Bouchard était prêt à investir 100 millions, au moins. Pas suffisant, selon le plan de Brochu. Mais malgré les problèmes financiers du gouvernement, malgré les mises à pied dans le domaine de la santé, entre autres, le premier ministre était prêt à faire sa part. Il posait une condition : « Si l'équipe déménage, vous me remboursez jusqu'au dernier sou. »

On a vu venir la guerre. Une guerre entre Claude Brochu et ses copropriétaires. Il a perdu cette guerre, mais au bout du compte, ses copropriétaires aussi ont perdu. Ensemble, ils ont décidé d'échanger Claude Brochu contre Jeffrey Loria… La pire transaction de l'histoire des Expos.

Dix ans plus tard, j'ai croisé Lucien Bouchard lors d'une soirée au profit de l'Accueil Bonneau. Prenant mon courage à deux mains, je lui ai demandé pourquoi il avait laissé partir les Expos. Sans aucune hésitation, il m'a répondu : « Monsieur Brulotte, y avait-il vraiment une volonté de rester de la part de monsieur Brochu ? » Sa réponse voulait tout dire…

Avec le recul, je ne comprends pas pourquoi le maire Gérald Tremblay n'a jamais fait un seul geste concret pour la construction d'un stade au centre-ville. D'autant que notre projet était plus que solide : le casino allait déménager aux abords du stade et l'administration du port de Montréal, qui est de compétence fédérale, nous soutenait financièrement et moralement dans ce projet estimé à plusieurs milliards. À cette époque, le gouvernement canadien avait de grands projets pour développer une foule d'activités dans le port de Montréal afin de lui donner un nouvel essor et de le préparer pour le prochain siècle – et notre projet tombait à point. Mieux encore, il avait accepté de nous céder gratuitement le terrain pour la construction du stade !

Nous ne nous étions pas seulement arrêtés au financement et à la réalisation de la construction du nouveau stade : durant plusieurs semaines, nous avions sondé la population qui vivait aux environs du nouveau site projeté, nous avions mis sur pied des campagnes d'information et de sensibilisation en expliquant aussi clairement et honnêtement que possible le projet à venir. Grâce aux efforts de Claude Delorme, vice-président aux opérations des Expos, nous avions réussi à convaincre tout le monde des bienfaits de ce projet.

De plus, nos loges étaient déjà vendues à moitié, tout comme les meilleurs billets de saison ! Il ne nous manquait rien. Rien !

Tout était là pour démarrer, dans les meilleures conditions possible, un projet qui aurait permis de revitaliser un pan entier de la ville de Montréal. Mais le maire Tremblay, dont l'objectif aurait dû être d'avoir à cœur l'essor de sa ville, n'a rien fait et n'a jamais rien voulu savoir !

CHARLES BRONFMAN

Si Gerry Snyder et Jean Drapeau ont été des artisans de première ligne dans l'histoire des Expos, le vrai père de l'équipe est sans aucun doute Charles Bronfman. S'il n'avait pas été là, il n'y aurait pas eu de baseball ici, point à la ligne. Ça n'aurait jamais existé.

Malgré son immense richesse, monsieur Bronfman était un homme d'un abord facile, très gentil. Quand il organisait des soirées à son domicile, sur la montagne, il m'invitait. Pendant les camps d'entraînement, je jouais au tennis avec lui, presque tous les jours. J'ai toujours senti que cet homme-là voulait m'aider. En fait, je l'ai toujours su. Il me faisait profiter de sa notoriété, de son prestige. Il ne se gênait pas pour vanter mes mérites devant les autres. Des fois, je trouvais ça un peu, beaucoup, gênant.

Je l'entends encore aux réunions de dirigeants, avec les nouveaux entraîneurs, les nouveaux gérants ou administrateurs :

— *Look at Rodger. In 1969 he was a simple part-time scout. All these years later, he's become one of our best broadcasters and a very valuable ambassador. Look at him now !*

Je devenais plus rouge qu'un homard de Shédiac.

SUZANNE LEMOIGNAN

Quand je travaillais au sein de l'administration des Expos, selon mes collègues, j'avais quelques fâcheuses habitudes. Ils n'avaient pas tout à fait tort.

On m'avait assigné un bureau. Un bureau en perpétuel désordre. Je soupçonne certains de mes collègues d'avoir baptisé mon bureau « le bordel ». Tout traînait : papiers, documents, dossiers, même mes vêtements.

Ma collègue Suzanne Lemoignan (la toute première personne embauchée par les Expos, soit dit en passant) était une femme très à l'ordre, très bien organisée. Elle ne se privait pas de me glisser certaines remarques quand elle entrait dans mon bureau. Je l'ai même surprise à ranger mes dossiers. Ou à essayer de le faire. Je ne sais pas comment elle faisait pour trouver mon bureau dans ce bordel, tellement il était englouti sous la paperasse. Suzanne me suggérait quotidiennement d'apporter mes vêtements sales chez le nettoyeur et de ranger les autres dans un placard prévu à cet effet, que je n'utilisais jamais. Le temps passait et je faisais la sourde oreille à ses recommandations.

Un jour, John McHale, le président, m'a envoyé un mémo personnel afin que je remette de l'ordre dans tout ça. J'ai été surpris. Le grand patron ne m'avait jamais fait de remarque à ce sujet. Je me suis dit que j'avais peut-être sous-estimé l'ampleur de mon désordre et de son impact négatif sur mes collègues – j'avais sans doute fait l'objet d'une plainte de la part d'un ou de plusieurs d'entre eux. Monsieur McHale m'écrivait qu'un bureau n'était pas un dépotoir ni une manne à linge sale. Il terminait son mémo en me disant que la prochaine fois qu'il mettrait les pieds dans mon bureau, il s'attendait à trouver un lieu impeccable, comme tout bureau de professionnel. C'était direct et clair.

Mais comme ce mémo m'avait vexé ! Qu'on me reproche certaines lacunes dans mon travail, je l'acceptais, mais là, je trouvais le mémo injustifié, et la dureté du ton était démesurée. Après tout, mon travail était irréprochable, et c'était là l'essentiel.

À cette époque, notre quartier général principal se trouvait au parc Jarry, alors que celui de McHale se trouvait au centre-ville. Quand j'ai reçu sa note, mon sang n'a fait qu'un tour. Je me suis rué dans le stationnement du parc Jarry, j'ai sauté dans ma voiture et je me suis élancé en direction du bureau de John

McHale. Je n'ai jamais aimé que les conflits perdurent, encore moins lorsqu'ils sont futiles. Je voulais le rencontrer, histoire de tirer cette affaire au clair au plus vite et de passer à un autre appel, comme on dit.

À mon arrivée, sa secrétaire m'a dit que monsieur McHale était en réunion pour la journée et qu'il ne pourrait pas me recevoir. Comme je suis une tête de mule de première catégorie, j'ai insisté. Le plus poliment possible. Devant mon refus de quitter les lieux sans avoir vu John McHale, elle a fini par céder, penaude, et s'est levée pour aller le chercher.

Quand le président m'a laissé entrer dans son bureau, j'y suis allé d'une longue tirade.

— Avec les heures que j'effectue au bureau, avec tous les efforts que je déploie pour l'organisation, je n'ai pas besoin de recevoir une réprimande sur l'état de mon lieu de travail.

Il m'a regardé quelques secondes, puis s'est levé. Du haut de ses 6 pieds, avec le poids de ses 200 livres, il a répliqué :

— Rodger, de quoi tu parles ?

Je lui ai montré le mémo signé de sa main. Il l'a pris, l'a lu et a éclaté d'un grand rire.

— Tu t'es fait avoir, Rodger !

Quand je suis revenu aux bureaux du parc Jarry, mes collègues m'attendaient, sourire moqueur aux lèvres. Ils m'ont aperçu et se sont esclaffés. Bientôt ils étaient tous pliés de rire. Ils m'avaient bien eu.

Suzanne Lemoignan. Je l'aime pareil.

Youppi

La première mascotte du baseball majeur est apparue en 1964 au Shea Stadium de New York. Elle s'appelait Mister Met*. Le personnage était simple : un corps de joueur de baseball, surmonté d'une énorme balle de baseball en guise de tête. Aujourd'hui, Mister Met est encore la mascotte de l'équipe. Remarquez, et je ne dis pas ça de gaieté de cœur, les Mets n'avaient pas grand-chose à offrir à leurs partisans. Un gérant de près de 75 ans (Casey Stengel) et une troupe de joueurs de catégorie une coche en bas de l'ordinaire… L'arrivée de Mister Met a sûrement égayé quelque peu les gradins.

Mais la véritable naissance du phénomène de la mascotte est survenue en 1977, à San Diego, avec l'arrivée du fameux San Diego Chicken. Celui qui personnifiait le célèbre poulet était un Canadien du nom de Ted Giannoulas. Le *chicken* ne se contentait pas d'être une figure promotionnelle ; il était un spectateur hyperactif, un bouffon vivant et extravagant. Chose inhabituelle, le personnage n'appartenait pas aux Padres, et celui qui l'incarnait dans divers événements, Giannoulas, louait ses services à différentes équipes. Il a promené son gros poulet d'un stade à l'autre pendant de nombreuses années, mais des démêlés judiciaires avec les créateurs originaux du personnage (KGB Radio San Diego) ont fini par lui nuire. La mascotte s'est retrouvée dans des émissions de télé pour enfants, mais là aussi, il y a eu des conflits

---

* Pour la petite histoire, la direction des Mets a présenté en 1975 aux partisans la version féminine de Mister Met, Mrs Met. Elle disparaissait quelques mois plus tard, puis elle est revenue et repartie sporadiquement depuis.

relatifs aux droits… À la fin des années 1990, le *chicken* a fini par être cuit. La grenouille s'était crue plus grosse que le bœuf, comme l'a raconté un certain La Fontaine…

La saison suivante, quelques autres mascottes entraient sur la scène. La plus célèbre était sans doute le Philly Phanatic. Et le moins connu, il faut bien l'admettre, était Souki, la toute première mascotte des Expos, une idée de Roger D. Landry qui était alors à la direction du marketing de l'équipe. Souki était une copie à peu près conforme de Mister Met. Grosse balle de baseball en guise de tête, costume de joueur futuriste… Ça n'a pas fonctionné. Souki, malgré toute sa bonne volonté, faisait peur aux enfants. Monsieur Landry a vite compris qu'il valait mieux la ranger au placard.

Mais il ne fallait pas abandonner l'idée. Cette fois, on ferait les choses correctement.

Quand on pense mascotte, quand on pense personnages attrayants pour les enfants, un nom nous vient en tête : Walt Disney. On irait donc en Floride pour rencontre les concepteurs de ce type de personnages. Rien de mieux que d'avoir l'expertise des meilleurs et d'écouter ce qu'ils ont à dire. J'ai toujours pensé de cette façon dans tous les aspects de ma vie professionnelle : « Écoute ce que les vrais disent, pensent et racontent. Ne parle pas : écoute. Si tu poses une question, arrange-toi pour qu'elle soit pertinente, prends des notes et applique la recette gagnante. » Chez Disney, j'avais affaire aux meilleurs. J'ai noté et retenu les règles d'or qu'observaient ces spécialistes.

D'abord, le personnage doit être silencieux, totalement silencieux. Une mascotte ne doit jamais prononcer un mot ni émettre un son, quels que soient les circonstances ou l'endroit. Son expression ne doit passer que par sa gestuelle. La personne qui personnifierait la future mascotte des Expos devrait même apprendre à éternuer en silence. Le silence serait la loi. Un silence complet, inexorable, total et éternel.

Ensuite, celui qui camperait la mascotte devait être un parfait inconnu. Si ledit personnage existait pendant 20, 30 ans, il devrait toujours être au sommet de sa condition physique. Celui qui lui prêterait vie vieillirait comme tout le monde, mais le personnage, lui, ne pouvait pas vieillir. Un jour ou l'autre, il faudrait remplacer le moteur, mais la carrosserie devait demeurer rigoureusement la même, saison après saison. Et fonctionner à plein régime, sans relâche.

Afin de concevoir le personnage, nous avons encore une fois fait appel aux meilleurs. Qui de mieux qualifié que les concepteurs des fameux Muppets ? Une dame du nom de Bonnie Erickson a été mandatée pour imaginer la bête. Madame Erickson était aussi la créatrice de Miss Piggy, du Philly Phanatic et de plusieurs autres personnages classiques. C'est elle qui a imaginé et créé notre future mascotte.

Sa première proposition ne nous a pas convaincus : c'était la caricature d'un fourmilier mauve. Monsieur Landry et moi étions d'accord : ce personnage n'avait rien à voir avec notre public québécois. Après quelques discussions à l'interne, nous sommes revenus vers madame Erickson pour lui présenter des suggestions. Comme le premier héros du parc Jarry était Rusty Staub, surnommé Le Grand Orange, nous avons retenu ces deux simples mots : « grand » et « orange ». Il y avait donc consensus sur son apparence physique. Restait à trouver le nom.

Le nom, c'est important. C'est même crucial. Si Mickey Mouse s'était appelé Ray the Rat, pas sûr qu'il aurait connu une longue carrière.

Nous nous sommes donc tapé plusieurs séances de *brainstorming* et avons lancé des dizaines de propositions. Il semblait impossible d'en arriver à l'unanimité. Nous savions qu'il fallait trouver un nom bilingue, un peu comme Snoopy. En pensant justement à Snoopy, le chien singulier – et adorable – du génial Charles Schultz, nous avons pensé à Youppi.

Ce fut le dernier nom proposé. Mais les dirigeants de l'équipe le trouvaient un peu… ordinaire. Mal adapté à l'équipe. La ligue doit approuver tout ce que font les équipes en termes de promotion. Dans le cas de la création d'une mascotte, il ne s'agit pas uniquement de l'image d'une équipe, mais de l'image de la ligue. Personne n'approuvait le nom Youppi. Roger D. Landry (surprise!) a fait un travail remarquable et l'a vendu auprès de tous. Force est d'admettre qu'il a parfaitement réussi. Ainsi est né Youppi, arborant fièrement son point d'exclamation. Le «!» signifiant la joie, le contentement, il allait lui servir de numéro. Le personnage allumerait les foules pendant presque trois décennies au stade des Expos.

Nous avions donc le corps. Il fallait ensuite partir à la recherche du plus important: l'âme. Mon patron, monsieur Landry, m'a recommandé de rencontrer plusieurs candidats afin que nous soyons certains de ne pas nous tromper. La courte vie de Souki lui inspirait la prudence… et il fallait nous assurer que la personne qui incarnerait Youppi saurait jouer son rôle avec brio.

Mais me faire une telle recommandation, c'était mal connaître Rodger Brulotte.

Un patron (ou même un collègue) peut me demander ce qu'il veut, et il l'aura: garanti. Mais ne me dites pas comment faire. Donnez-moi l'objectif, je vais l'atteindre. Donnez-moi la destination, je vais y arriver. Mais ne me donnez pas le chemin ou la méthode. Je m'arrange avec ça.

Tête dure, Rodger Brulotte, des Loisirs Saint-Eusèbe.

Nous avons fait publier un article dans le journal: «Voici la nouvelle mascotte, nous cherchons la personne qui lui donnera vie.» Quelques jours plus tard, j'ai reçu une lettre à mon bureau du Stade olympique. Une longue lettre d'un type de Valleyfield. Une lettre qui, au-delà des mots, sentait la passion totale. Une lettre inspirante. Je me suis dit: «Si ce gars-là est capable de faire vivre une simple lettre comme ça, qui sait s'il ne pourra pas faire vivre notre personnage.» La passion, ça ne s'apprend pas dans les livres, ça se vit. Dans mon esprit, c'était clair: ce gars-là méritait une chance. Mon instinct me le criait.

Je l'ai appelé et lui ai donné rendez-vous au Stade.

Ma première impression ne s'est pas démentie lors de cette première rencontre. Le sentiment que m'avait inspiré la lecture de sa lettre est demeuré intouché. «Voici un gars allumé, passionné, brillant, me suis-je dit. Et en plus, il est en très grande forme, a un bon sens de l'humour, est discipliné, créatif et gentil. Le portrait parfait.» C'était l'homme de la situation. Le seul que j'aie rencontré, et le bon.

Monsieur Landry m'appelait régulièrement pour savoir si mes recherches avançaient, si j'avais rencontré des candidats valables, si c'était pertinent qu'il les rencontre lui-même. Il était préoccupé par mes démarches.

— Tout est sous contrôle, *boss*. Le train avance. Oui, oui, j'en ai rencontré plusieurs. Je cherche, je cherche… Dormez tranquille. On va arriver à temps et ce sera parfait.

Parfois (sinon toujours), il faut savoir quelle réponse le patron attend… et la lui donner. Ça évite d'étirer inutilement les conversations. Le petit mensonge innocent est une merveilleuse invention. J'avais quelque chose de plus important à faire que de confronter mon patron. Je devais donner une âme à notre nouveau «joueur».

Ainsi, pendant deux mois, à partir de cette première rencontre, ça a été l'apprentissage. Mon homme de Valleyfield (sans costume) et moi avons passé des heures et des heures au Stade à parfaire son «éducation». Chaque geste était étudié, chaque pas, chaque dandinement. J'avoue que je m'étais beaucoup inspiré de trois mascottes existantes : le gros nounours des restaurants A&W, le San Diego Chicken et le Philly Phanatic. Selon moi, Youppi devait être un amalgame des trois. Alors nous voilà dans les escaliers, dans les rangées, sur le terrain, sur les abris, en haut, en bas, en courant, en dansant, en sautant. Cet immense stade allait devenir son terrain de jeu, son domaine, sa scène. Nous imaginions des situations de jeu et déterminions ensemble comment y réagir. Changement de lanceur, de frappeur, un but volé, une altercation entre le gérant et l'arbitre, une feinte illégale, un circuit, un retrait sur trois prises, un attrapé spectaculaire d'un spectateur… Tout y passait. Il fallait surtout que le personnage devienne l'idole des enfants, que les enfants le « ressentent »,

ressentent sa douceur, son espièglerie, sa délinquance. Il fallait qu'il les fasse rire. Le type avait de nombreuses qualités. En prime, il était un connaisseur et un amateur de baseball ; ça nous a rendu la tâche plus facile. J'ai aussi réalisé qu'il était travaillant, patient et très imaginatif.

Je savais d'instinct qu'il formerait une paire formidable avec celui qui serait son partenaire numéro un : l'organiste Fernand Lapierre, devenu avec le temps une référence dans le baseball majeur.

Les deux amuseurs, le musicien et la mascotte, ont répété plusieurs fois, et tout le monde était prêt pour la levée du rideau, pour l'entrée en scène de Youppi : le match d'ouverture de la saison 1979.

Le Stade était plus que plein, l'excitation était à son comble. Qui plus est, l'équipe était une des meilleures du baseball majeur. J'étais plus nerveux qu'une jeune mariée le soir des noces. J'avais insisté auprès de Fernand Lapierre :

— Fernand, faut pas rater l'arrivée de Youppi. On n'aura pas deux chances, seulement une ! Faut que ça marche, Fernand, comprends-tu ? »

Ça a marché.

Youppi est entré sur le terrain avec un éclat inimaginable. En partant : deux superbes culbutes. Je ne l'avais jamais vu accomplir de telles pirouettes.

Le Stade a explosé. Dès ses premières secondes sur scène, je le savais : c'était un succès. Un succès qui, à ce jour, ne s'est jamais affadi. Avez-vous une idée du nombre de photos de Youppi qui ont été prises au Stade, lors des caravanes, des visites promotionnelles dans les écoles, les hôpitaux, les centres de loisirs, les sous-sols d'église ? Les parades ?… Il serait plus facile de compter les grains de sable du Sahara. Nous avons fait mille visites un peu partout, chacune d'entre elles portant son lot de souvenirs, et de beaux et bons moments.

Un exemple me revient toujours en mémoire quand je pense à ces nombreuses apparitions publiques. Bien entendu, Youppi était la star de la Caravane, plus même que Dawson, Carter, Raines et les autres vedettes. En particulier quand on rencontrait les enfants. Je le laissais donc patienter dans la Caravane, parce que si Youppi était entré dans la place en même temps que les stars de l'équipe, personne ne se serait occupé des joueurs. Ce jour-là, nous visitions le Centre hospitalier pour enfants de l'est de l'Ontario, dans la capitale nationale, Ottawa. Nous avions fait le tour, rencontré les responsables, quelques enfants, il y a eu les photos et les autographes, etc. Une fois cette première étape complétée, il était temps de sortir le punch. Je suis allé chercher Youppi.

Il est aussitôt entré en action, déclenchant les cris, les rires et les applaudissements, d'autres photos, bien sûr. Après avoir fait le tour de toutes les chambres et salué tous les enfants, nous sommes sortis, avec la satisfaction qui nous envahissait toujours dans ces moments précieux. Nous étions à peine hors de l'établissement quand une infirmière est sortie de la chambre d'une fillette, en courant et en pleurant. La petite fille avait crié : « Youppi ! »

Ça peut sembler banal. Mais c'était le premier mot que cette petite fille prononçait depuis son entrée à l'hôpital, un an plus tôt. Imaginez : médecins, psychologues, infirmières spécialistes, personne n'avait réussi à extirper un seul mot de la bouche de cette enfant. Youppi, lui, y était arrivé. Devant les faits, il a décidé de retourner dans la chambre de la fillette et est demeuré avec elle pendant une heure. Personne dans la Caravane ne s'est plaint du retard occasionné par cette heure supplémentaire, imposé par la mascotte. Ni Carter, ni Dawson, ni Brulotte, personne.

Dans la Caravane, sur le chemin du retour, tout le monde avait une balle de baseball dans la gorge et les yeux rouges.

Impossible de décrire l'impact que ce bonhomme-là a eu sur les enfants. Qu'ils soient ou non malades.

Le service de marketing de l'équipe était débordé d'appels et de demandes, 365 jours par année : tout le monde voulait Youppi.

On leur aurait offert toute l'équipe des Expos avec le réseau de filiales et, un coup parti, la Ligue nationale au grand complet : ça n'aurait même pas passé proche d'être comparable. Dans le cœur de milliers d'enfants, Youppi est devenu plus gros que son sport.

Après la fin des Expos, il ne fallait pas que Youppi meure. Il faut souligner ici le travail de Claude Delorme à la vice-présidence des Expos. C'est lui qui a su convaincre le Canadien de garder Youppi présent sur la scène sportive québécoise. Une excellente initiative. Bravo à Claude et aux Canadiens.

Maintenant, quelques petites vites au sujet de Youppi. J'en aurais mille à raconter…

JOHN MCHALE ET YOUPPI, PRISE UN

Cet après-midi-là, les visiteurs au Stade étaient les Padres de San Diego. Comme d'habitude, les Expos se livraient à leur tradition-nelle pratique au bâton avant le match. Les choses n'allaient pas très bien par les temps qui couraient. L'équipe connaissait une séquence désastreuse. Pendant que les joueurs s'élançaient et captaient les flèches, les ballons et les roulants, j'ai soudain vu Youppi sortir du corridor attenant à l'abri avec d'énormes lunettes de soleil, une ser-viette et une chaise longue. Ne s'occupant aucunement des joueurs, la bête, en se dandinant à sa façon coutumière, s'est rendue, avec son attirail, directement au champ centre. Je l'ai regardé aller de la gale-rie de la presse. Il a déplié sa chaise, regardé le soleil, fait un étire-ment ou deux, et s'est étendu de tout son long sur sa chaise.

Les joueurs, qui adoraient Youppi, se sont mis à lui lancer des balles, à tenter de l'attraper, à l'agacer. Lui restait là sans bouger, profitant de son moment de relaxation, au grand plaisir des spec-tateurs déjà arrivés. Tout le monde s'amusait bien de la scène : joueurs, spectateurs, moi-même… tous.

Tous, sauf un : le président de l'équipe, John McHale.

Lui, un puriste, n'était pas un grand partisan du phénomène des mascottes. Il trouvait que ça enlevait du sérieux au sport.

Alors, en pleine séance d'entraînement, à un moment de la saison où l'équipe ne gagnait pas, voir la mascotte s'installer au milieu du terrain et faire le pitre l'a mis hors de lui… et quelqu'un devait payer la facture.

Ce quelqu'un, ce fut un dénommé Brulotte.

Croyez-moi, les amis, Rodger en a mangé toute une.

J'étais vêtu d'un imperméable beige pâle, j'avais deux hot-dogs extra-moutarde dans la main droite et je jasais avec mes amis et collègues, Richard Morency et Fernand Lapierre, dans leur loge. J'ai soudain senti une ombre derrière moi.

— Rodger?

— *Yes, mister McHale?*

Bonsoir, il est parti! Pendant deux minutes chrono bien comptées, et devant Richard et Fernand, il m'a brassé la cage de spectaculaire façon. Je vous épargne les mots, les expressions, les invectives, les gestes, le ton, le volume et le reste. Il a tout dit, sans jamais blasphémer – il n'avait pas besoin de blasphèmes pour passer son message.

Moi qui ne suis pas un géant d'avance, j'ai rapetissé de trois pieds et demi. Mes deux hot-dogs ont dégouliné sur mon bel imper, il n'y restait que les saucisses. Quand il a quitté la loge, je me suis tourné vers Morency:

— Une chance qu'il est parti: un mot de plus et je lui lançais mes hot-dogs!

Morency a bien ri.

Je n'ai jamais disputé Youppi. Je l'avais trouvé drôle moi-même. Heureusement, cet après-midi-là, les Expos ont gagné, mettant fin à leur disette. Une victoire qui tombait à point…

JOHN MCHALE ET YOUPPI, PRISE DEUX

Au sujet de Youppi, il y avait une loi incontournable et stricte: Youppi ne doit jamais être vu à l'extérieur de son domaine, le Stade. Sous aucune considération. À l'exception des Caravanes d'hiver, bien sûr, quand sa présence «marketing» pouvait aider l'organisation à engranger des revenus promotionnels ou à soutenir des organismes de charité.

Question de finaliser une entente avec les supermarchés Provigo, un beau jour, je me rends avec Youppi au centre-ville de Montréal. Une fois le tout signé et réglé, on doit retourner dans nos quartiers généraux, au Stade.

Je réalise alors que Youppi est trop énorme pour entrer dans ma voiture et je décide de faire fi de cette loi incontournable et de faire une petite marche avec la bête sur la Catherine. Au coin de Peel, Youppi danse, il se dandine, amuse les passants, joue son rôle à la perfection, comme toujours.

Qui vois-je soudain, à une cinquantaine de pieds devant nous? Le président de l'équipe, John McHale.

Immédiatement, je crie à Youppi:

— C'est John McHale! Cache-toi!

Vous mesurez sept pieds et vous êtes gros et voyant comme une montgolfière jaune-orange en peluche. Essayez donc de vous «cacher»!

McHale passe et fait mine de ne rien voir. Ouf! On s'en est sortis sans être vus.

Une fois rentrés au Stade, monsieur McHale m'interpelle sur la galerie.

— *Hey, Rodger! How are you?*

— Très bien, monsieur le président, et vous?

— Écoute, tu ne croiras pas ce que je vais te dire, mais je te le jure: c'est vrai.

— Quoi donc?

— Cet après-midi, je marchais dans le centre-ville et j'ai vu la copie conforme de ton ami Youppi…

— Ah oui?

— Je sais que ce n'était pas lui, parce que la règle est claire: au Stade seulement, sans exception… C'est incroyable, ne trouves-tu pas, les choses qui peuvent arriver dans la vie? Il était pareil-pareil! Qu'est-ce que tu en penses?

Je ne lui ai pas répondu. Il ne m'a jamais disputé. J'ai saisi le message. Encore une fois, j'ai eu l'air fou... Mais on s'habitue.

NE PERDS PAS LA TÊTE, YOUPPI !

Les amateurs s'en souviendront, Youppi avait son propre véhicule, un rutilant 4 x 4 sport, avec lequel il s'amusait comme un ado. Quand il entrait sur le terrain avec son jouet à moteur, la foule l'applaudissait et en redemandait. Plus la foule s'excitait et plus il lui en donnait. Une vraie *rock star*.

Arriva donc un jour ce qui devait arriver. Il se baladait sur son bolide et la foule s'est mise à l'acclamer. Alors, question d'en mettre plein la vue à son auditoire, il a traversé tout le terrain la pédale dans le prélart. À la suite d'une fausse manœuvre, il a foncé dans la clôture du champ droit et a pris une méchante fouille qui l'a éjecté de son 4 x 4. Youppi est tombé dans les pommes ! Il était complètement sans connaissance.

J'ai immédiatement couru vers lui. Sans la moindre empathie, la première chose que je lui ai dite en arrivant à ses côtés, c'est:

— Meurs si tu veux, mais enlève pas ta tête !

C'est alors que j'ai entendu un rire provenant de l'intérieur de Youppi...

OUT, YOUPPI !

Si vous êtes un amateur de baseball, vous avez tous déjà vu un gérant se faire expulser d'un match. Dans la majorité des cas, ça arrive à la suite d'une engueulade avec un officiel sur une décision serrée, ou sur un règlement X ou Y. Ces chicanes sont toujours amusantes, et la foule adore ça (les commentateurs aussi, je le confesse).

Plus que n'importe quel autre sport, le baseball peut être très théâtral. Parmi les meilleurs « performeurs », pensons à Earl

Weaver, à Bobby Cox ou à l'incontournable Billy Martin. Les joueurs aussi passent dans le tordeur, surtout quand ils contestent, devant les spectateurs, une décision de l'arbitre au marbre.

— *What ? That was a strike ? Better see your eye doctor, man !*
— *You're out of here !*

Et on s'engueule, et le gérant court à la rescousse de son joueur frustré, et le théâtre du baseball nous offre un autre beau numéro.

Mais une mascotte ? Une mascotte ?… Eh oui, une mascotte.

Les Dodgers étaient ce jour-là les visiteurs au Stade. Avant le match, je suis allé voir Youppi pour lui donner une innocente directive :

— Youppi, essaie, sans exagérer, de déranger Lasorda et sa troupe. Le match est important pour nous. Sois subtil.

Mais la subtilité n'a jamais été la force de Youppi. Dès le début du match, le bonhomme s'est installé sur le toit de l'abri des Dodgers pour danser, sauter, se moquer des joueurs. Il a déridé la foule en imitant le gérant Lasorda… Bref, il s'est payé la traite sur le dos des bleus. Pour la subtilité, on repassera.

L'humeur de Lasorda n'était pas au beau fixe. Après avoir enjoint agressivement à Youppi d'aller se faire voir ailleurs, et devant le refus de la mascotte d'obtempérer, Lasorda a demandé un arrêt de jeu et s'est dirigé vers l'arbitre au marbre.

Je ne peux qu'imaginer ce qui s'est dit lors de cette conversation, mais j'en connais la conclusion, comme tous ceux qui étaient au match. L'arbitre au marbre a retiré son masque, s'est dirigé vers l'abri des Dodgers et a « donné le geste » à notre mascotte.

— *You're out of here !*

La foule a aussitôt explosé ! Youppi, toujours très théâtral, a réagi en protestant sans dire un mot. Vous êtes-vous déjà obstiné sans parler ? C'est un art. Un art que notre mascotte maîtrisait très bien.

Cette anecdote ne se retrouve dans un aucun livre des records officiels, mais elle est dans le mien : la seule fois où une mascotte a été officiellement éjectée d'une partie de baseball par l'arbitre. J'en ris encore.

LE CONGÉDIEMENT DE YOUPPI

Un jour, j'ai congédié Youppi. Pour de vrai. « *Out*, la mascotte ! »

Voici l'affaire.

Ce soir-là, il pleuvait sur le Stade. Le match était retardé. Je me trouvais sur la galerie de la presse, avec Fernand Lapierre, quand j'ai vu que quelque chose n'allait pas avec Youppi. Je l'ai mentionné à Fernand.

— D'après moi, il est blessé. Ça ne marche pas. Regarde ses gestes, ses mouvements : c'est clair, il y a quelque chose qui ne va pas. Il n'est pas lui-même.

Pourtant, il était surexcité. La toile de pluie avait été étendue sur le terrain, et Youppi prenait son élan pour se lancer dans l'eau qui s'y était accumulée. Il glissait chaque fois sur quelques mètres. Je ne trouvais pas ça très drôle ; le bonhomme était complètement détrempé.

Après un de ces plongeons spectaculaires, Youppi s'est levé et a commis le crime du siècle : il a enlevé sa tête ! Sous le costume, c'était le joueur Warren Cromartie…

Le Stade l'a applaudi à tout rompre.

Pas moi. Je suis devenu plus rouge qu'une tomate de septembre. J'étais hors de moi. Pas fâché : enragé. Je suis descendu sur le terrain pour foncer vers Cromartie et je lui ai passé le savon de sa vie. Sacrilège ! Honte ! C'était épouvantable.

Andre Dawson s'est approché et a tenté de me calmer. De sa voix unique, plus profonde que le Grand Canyon et plus grave que la note la plus grave d'un piano, il m'a dit :

— *Relax, Rodger : people laughed…*

Relaxe ? Impossible. Je me suis tourné vers le « vrai » Youppi, qui se tenait non loin, hors de son costume, et je l'ai congédié sur-le-champ.

Il était totalement bouleversé, le pauvre.

Mon patron, Roger D. Landry, à qui j'ai raconté l'événement en détail, a approuvé ma décision d'avoir montré la porte à Youppi, pour crime de lèse-mascotte.

— Parfait, m'a-t-il dit. Tu as bien fait. On s'en reparle demain.

Le lendemain matin, le calme étant revenu, monsieur Landry m'a demandé quel était mon plan B. Je n'avais pas de plan B.

Finalement, les Expos n'avaient pas joué ce soir pluvieux et quittaient ensuite Montréal pour une semaine. Donc, nous n'aurions pas besoin de notre mascotte. Mais après ce délai, j'ai réembauché Youppi.

Il n'a plus jamais prêté son costume, parole de Rodger.

Et moi, j'ai pris des notes. « Important : toujours avoir un plan B... »

1982, le match des étoiles

MONSIEUR LE COMMISSAIRE A UN BON ŒIL

D'abord, pour bien comprendre la portée de cette anecdote, il faut savoir qui est le commissaire du baseball. J'aurais pu dire qu'il est comme le pape pour l'Église catholique, mais en fait il est plutôt comme le *boss* du pape : c'est Dieu en personne. C'est lui qui a le contrôle absolu de tout ce qui se passe dans les coulisses, les officines, sur les 30 terrains, dans les réunions ; en fait, de tout ce qui tourne autour des ligues majeures. Aucun nouveau règlement, changement de règlement, aucune expansion ne passent sans l'*imprimatur* du commissaire. Il est tout-puissant. Et ce, depuis 1920, quand, à la suite du scandale des Black Sox de 1919, l'ensemble des propriétaires a nommé le juge Kenesaw Mountain Landis à ce titre, remettant entre ses mains le pouvoir absolu et total. Quand monsieur le commissaire se déplace d'une ville à l'autre, il a droit à tous les égards.

Il est le *big, big boss*.

En 1982, le match des étoiles du baseball majeur est présenté à Montréal. Conséquemment, le commissaire honore la métropole de son auguste présence, comme il se doit. Toute l'organisation des Expos marche les fesses serrées, jusqu'au vendeur de *peanuts* de la section 702. Louis XIV est en ville.

Parenthèse. Les amateurs de sport savent que le match des étoiles du baseball majeur, c'est une vraie compétition entre les meilleurs de la profession. Au basket, au hockey et au football, les matchs des étoiles existent, mais ce n'est pas très sérieux. Ça marque un congé mérité, et c'est l'occasion pour les meilleurs de fraterniser en tenant une joute amicale pas très féroce. Personne ne veut blesser personne, et on a droit, somme toute, à une exhibition assez banale. Au baseball, c'est le contraire. Le match des étoiles est sérieux. Tous les participants se donnent au maximum, et la victoire est très importante et significative. On joue pour de vrai. Demandez à Ray Fosse, receveur des Indians et membre de l'équipe de la Ligue américaine en 1970, il va vous en parler... Une collision au marbre, avec un train nommé Pete Rose, a au bout du compte mis fin à sa belle carrière. Fermons la parenthèse.

Revenons donc en 1982, au match des étoiles et au commissaire Bowie Kuhn, souverain incontesté du baseball majeur.

Comme l'a toujours voulu notre président John McHale, il fallait que chaque élément de ce match prestigieux soit absolument parfait, et Roger D. Landry a eu l'idée d'inviter Louis Quilico pour les hymnes nationaux. Ténor de renommée mondiale, Louis Quilico est un des plus grands chanteurs d'opéra de tous les temps. Il a fait le Metropolitan Opera House à New York, la Scala de Milan et toutes les grandes salles de la planète. Il a partagé la scène avec Luciano Pavarotti, Placido Domingo, José Carreras et de nombreux autres. Quand on parle de prestige, on parle de Louis Quilico. Monsieur McHale était enchanté. J'ai donc assuré le contact entre l'organisation et le grand ténor.

Quand nous nous sommes parlé de la mise en scène, monsieur Quilico avait certaines inquiétudes. Il a d'abord demandé à ce qu'on lui fournisse les paroles des hymnes nationaux, sur papier. L'innocent Rodger Brulotte, des Loisirs Saint-Eusèbe, a pris cette demande avec un grain de sel : comment un chanteur de cette envergure pouvait-il avoir besoin des paroles de ces deux hymnes nationaux classiques, lui qui avait appris par cœur les textes complets d'opéras allemands, italiens, russes et espagnols ? Caprice de star, ai-je conclu.

— Oui, oui, monsieur Quilico, vous les aurez. Juré.

Nous avons répété quelques fois. Je lui ai demandé avant les répétitions s'il voulait que je rapproche le micro. Il m'a dit non.

Quand il s'est exécuté, j'ai compris : même sans micro, on l'aurait entendu jusqu'en Gaspésie. Quelle voix !

Son autre inquiétude était d'ordre physique. Il devait se rendre au champ centre pour chanter. Pas question qu'il marche jusque-là.

— Je n'aurai plus de souffle, qu'il m'a dit. Il faut que quelqu'un m'y conduise dans un véhicule.

— Pas de problème, monsieur Quilico… On va s'arranger.

Brulotte se disait, dans sa tête : « *Breaktime*, monsieur Quilico. Vous allez les marcher, ces 200 pieds, monsieur le ténor. Ce n'est pas la mort d'un homme, quand même, 200 pieds… »

Le soir du match arrive. Monsieur Quilico est sur le point de lancer la soirée. Il a apporté les paroles des hymnes. Tant mieux, parce que moi, je n'ai jamais même pensé à obtempérer à cette demande, que je trouvais un peu farfelue… Il m'interpelle :

— Où est mon véhicule ?

— Votre véhicule ?

— Je vous ai dit que je ne pouvais pas marcher jusque-là, non ?

— Nous n'avons pas de véhicule, monsieur Quilico…

— Trouvez-en un, ou cherchez un autre chanteur.

Wo. Il y a 50 000 spectateurs surexcités dans la place. Youppi frétille. Les joueurs sont comme des chevaux de course, nerveux et prêts à sauter dans l'action. Le commissaire du baseball, Bowie Kuhn, et le président des Expos, John McHale, sont aux premières loges, juste à côté de l'abri des joueurs de la Ligue nationale. Et le célèbre ténor tient à son *lift* au champ centre.

Rodger a un problème.

Je consulte immédiatement Gilles Desormeaux. Gilles était responsable de la sécurité au Stade. Il pense quelques secondes, et m'offre une solution.

— Il y a la voiture du commissaire, juste là, à quelques pieds du terrain. On pourrait la lui emprunter, peut-être…

En effet, sous les estrades, dans un stationnement VIP, est garée la voiture privée du commissaire Bowie Kuhn. Voilà la solution. Vérification faite : les clés sont dans le véhicule.

— Monsieur Quilico ! Venez. C'est votre voiture. Je vous gardais la surprise.

Et voilà. À bord de la magnifique voiture du commissaire, en route vers le champ centre et le micro déjà placé et droit comme un soldat, le célèbre chanteur et son conducteur, Roch Blackburn, un fidèle employé.

En apercevant la voiture, le commissaire se tourne vers John McHale et lui dit :

— *It's amazing, John. This car looks exactly like mine !*

— *It IS amazing, Mister Kuhn.*

Après le match, monsieur McHale est venu me voir. Lui ne l'avait pas trouvée si « *amazing* » que ça.

Je suis allé me chercher un hot-dog extra-moutarde.

ROONE ARLEDGE

Toujours au sujet du match des étoiles à Montréal : bien entendu, il était diffusé partout aux États-Unis. Le producteur télé de l'événement était le renommé Roone Arledge, celui-là même qui a révolutionné et réinventé la télédiffusion des sports aux États-Unis. Un génie avant-gardiste.

C'est donc lui qui, en 1982, était le grand patron de la retransmission du match. Avant que la partie ne commence, il a rencontré l'équipe de production : réalisateurs-producteurs, Richard Morency, l'annonceur maison, tout le monde y était. J'étais à la gauche d'Arledge au moment où il nous a mentionné que tout se déroulerait dans une seule langue, pour éviter d'étirer l'affaire inutilement.

OK. Une langue seulement. Quelques minutes avant la fin de la réunion, j'ai avisé tous les gens présents, dont le célèbre Roone :

— Comme l'a exigé monsieur Arledge, tout se fera dans une langue seulement : le français.

— *What is that ?*

— Vous m'avez dit « une seule langue », monsieur Arledge.

Comme la plupart des gens dans le Stade sont d'expression française et que les Expos évoluent dans un marché à majorité francophone, j'ai choisi, logiquement, le français…

Arledge était interloqué. Après un moment, il a fini par ajouter :

— J'ai revu mon *cue-sheet* et finalement, je pense qu'il sera possible de faire le tout dans les deux langues…

Langue française : 1, Roone Arledge : 0.

Une nouvelle carrière

C'est dans les années 1970 que j'ai commencé à travailler comme analyste de baseball à la défunte émission *Les héros du samedi*, avec Lionel Duval et Richard Garneau. Ces deux hommes m'impressionnaient au plus haut point. Je n'avais jamais fait de télévision, et je me retrouvais assis aux côtés de deux des plus grands commentateurs sportifs de l'histoire du Québec. Je ne ressentais pourtant aucune pression : c'était eux, les vedettes. Je remplissais, dans l'ombre, la fonction qu'on m'avait assignée, alors que Duval et Garneau portaient sur leurs épaules la responsabilité de la qualité de l'émission ; je n'étais qu'un complément. J'y trouvais une occasion d'apprendre sans trop de poids sur mes épaules. Une chance incroyable.

Les héros du samedi, c'est mon vrai début dans le monde des médias. Duval et Garneau m'ont vite enseigné qu'il faut être toujours prêt, bien documenté, connaître à fond ses sujets… Quelles leçons ils m'ont données, ces deux-là !

Durant cette aventure, et sans trop savoir pourquoi ni comment, j'ai gagné la confiance de Michel Quidoz, producteur de Radio-Canada spécialisé dans le sport. Je sentais que Michel croyait en moi. Il me donnait des conseils et m'apprenait une foule de choses sur le métier et sur le travail des techniciens. Il insistait : les personnes les plus importantes dans le cadre d'une émission de télévision sont celles qui travaillent derrière la caméra. Ce sont elles qui font le gros de la job. En ondes, tu peux dire ce que tu veux, tu peux faire tous les efforts du monde pour bien paraître, mais si les gens en régie ou les cameramans décident qu'ils te montrent sous un mauvais jour, ils ont le gros bout du bâton.

En 1982, sans doute sous les recommandations de Michel Quidoz, Radio-Canada m'a demandé de travailler avec Claude Quenneville pour commenter la Série mondiale. Nous étions en studio, et notre rôle ne consistait pas à décrire le match. Nous ne faisions qu'intervenir entre les manches pour rapporter les faits et y aller de nos analyses et commentaires sur ce qui venait de se passer[*]. La série avait été baptisée : *The Suds Series*. Traduction libre : la série de la bière – Budweiser (St. Louis) contre Miller (Milwaukee).

Cette série était la dernière à être commentée par l'excellent Tony Kubek, ancien arrêt-court des Yankees et brillant analyste. Elle marquait aussi les débuts de Bob Costas, qui agissait comme « troisième homme ». Et elle a scellé le début de ma carrière de commentateur professionnel.

JACQUES DOUCET, MON PREMIER MAÎTRE

S'il y a un nom avec lequel celui de Rodger Brulotte a été et demeure associé dans l'esprit des amateurs de sport, c'est celui de Jacques Doucet. J'ai connu Jacques Doucet du temps du baseball junior. J'étais joueur et lui était journaliste. Il était « Monsieur Doucet », et la vie l'a transformé en « Jacques »…

Je me plais souvent à penser que nous étions un genre de *odd couple*, comme dans le film écrit par Neil Simon. Nous étions le contraire l'un de l'autre, et nous nous rejoignions sur le baseball. Nous en étions tous deux passionnés.

Jacques est un homme discipliné, organisé, travaillant, professionnel dans toute la puissance du mot. Pour un match qui débutait à 19 h 30, il se pointait au stade à 17 h et commençait sa routine de préparation, dans laquelle il ne laissait rien au hasard.

---

[*] Pour les amateurs de statistiques : victoire des Cards en sept matchs contre les Brewers de Milwaukee. Le joueur par excellence : Darrel Porter, receveur des Cards.

Ses dossiers, ses cahiers de notes étaient ajustés jour après jour selon ce qui s'était passé la veille. Il avait une mémoire infaillible… mais ne s'y fiait pas toujours. Or, il notait tout. Qui avait de bonnes séquences ? Qui en avait de mauvaises ? Qu'avait fait tel frappeur contre tel lanceur ? Tout était écrit, répertorié. Il travaille encore aujourd'hui de la même façon.

Il a travaillé avec plusieurs analystes : Claude Raymond, Marc Griffin, Alain Chantelois, Pierre Arsenault et, bien sûr, un dénommé Brulotte. Je passe par-dessus les réalisateurs-producteurs, dont Denis Casavant, Jean-François Desbiens ou Jean-Paul Chartrand Jr, qui ont connu par la suite de grandes carrières comme commentateurs.

Jacques Doucet a été un professeur, un maître pour tous ces gens-là grâce à l'excellence de son français, à sa rigueur constante et à la précision de ses commentaires. Jamais il ne reprenait ses analystes en ondes. Bien sûr, il nous est tous arrivé à l'occasion de commettre une erreur, d'avoir un commentaire déplacé ou un peu trop sévère sur un joueur, un gérant ou un arbitre. Il le notait dans sa tête, et à la fin du match, il nous en reparlait sans juger, mais en proposant des solutions de rechange, en nous expliquant pourquoi ledit commentaire n'était peut-être pas pertinent. Jamais de remontrances. Toujours avec beaucoup de délicatesse.

Il ne me reprochait jamais mes éclats de voix et mon enthousiasme débordant (s'il s'y était risqué, il en aurait eu pour plusieurs heures à chaque match !). Il savait que c'était ma façon, et je pense qu'il l'appréciait.

Il m'a toujours dit de prêter une attention spéciale à ce qu'on appelle « les jeux de routine », les jeux simples. Ce sont presque toujours lors de ces jeux, où rien de spectaculaire ne se passe, que surviennent les erreurs, celles des joueurs, et celles des commentateurs. Il lui est arrivé dans ces circonstances de « sauver la mise », pour m'éviter d'avoir l'air fou.

Voici un exemple. Lors d'un des premiers matchs que j'ai commentés à la radio, le joueur de deuxième but des Expos était

U.L. Washington. Un banal roulant a été frappé vers lui, alors j'ai décrit l'action, un peu sur le pilote automatique :

— La balle est frappée à Washington, le relais au premier but, le retrait.

Or, Washington n'avait jamais attrapé la balle, il n'avait même pas effectué de lancer au premier but, et le coureur était bel et bien sauf. Plutôt que de me reprendre et de souligner ma gaffe, Jacques a pris la relève et a dit :

— Le relais de Washington était hors cible, finalement, Rodger, et le coureur est sauf.

Merci, maître Jacques.

Cette situation ne pouvait se passer qu'à la radio. À la télévision, tout le monde aurait bien vu le jeu, mais à la radio, l'auditeur se fiait à la description qu'on en faisait…

Jacques a été un professeur émérite, et il nous a tous rendus meilleurs.

Mes débuts au micro des Expos sont un reflet du type d'homme qu'est Jacques Doucet. Nous étions au camp d'entraînement des Expos, en 1983, et Claude Raymond, l'analyste attitré, était malade. René Guimond, responsable des équipes de description, m'a avisé que je prendrais sa relève. J'ai ainsi travaillé durant quelques matchs préparatoires et lors des deux premières semaines de la saison régulière.

L'année suivante, René Guimond m'a embauché pour toute la saison, Claude n'œuvrant qu'à la télévision. Je me suis donc rendu en Floride et pendant 30 jours, sans que ni moi ni personne ne lui en ayons fait la demande ou la suggestion, Jacques Doucet m'a proposé de décrire et de commenter les matchs préparatoires, qui n'étaient pas diffusés. Juste nous deux, avec nos micros et une ou deux cassettes pour nous enregistrer. Il m'a offert mon propre camp d'entraînement, sans y être obligé, par pure gentillesse, par pure générosité, par amitié. Voilà qui est Jacques Doucet.

Nous avons commencé à développer une façon de travailler ensemble, d'accorder nos violons, nos styles et nos façons.

Pendant que Jacques accomplissait la besogne de tout préparer (statistiques, chiffres, tendances du moment, fiches des joueurs adverses, gérants et recrues, dossiers, articles de journaux et le reste), moi, j'allais fureter dans les vestiaires, les abris, les bureaux des gérants, et discuter avec les arbitres et les journalistes de l'extérieur, à la recherche de renseignements susceptibles d'ajouter une saveur au match qui s'en venait. Notre duo fonctionnait à merveille.

Les anecdotes à son sujet, dans ma grande malle, sont légion. Tant d'histoires à raconter sur Jacques Doucet! En voici quelques-unes.

En 1976, Jacques m'a demandé de réaliser une entrevue avec Claude Raymond au parc Jarry. Je n'étais pas encore analyste à ce moment-là, et la proposition m'avait ravi. J'étais excité d'aller en ondes et je l'avais remercié pour cette faveur. Encore novice, j'allais réaliser une entrevue avec un des personnages que je respectais et que j'admirais le plus!

Je me suis donc préparé méticuleusement même si je connaissais très bien Claude. Je ne voulais pas rater la chance que Jacques m'offrait. Je voulais l'impressionner, lui prouver que je pouvais être pertinent en ondes.

Quand je suis arrivé sur la galerie de la presse, j'étais nerveux, mais confiant. Je me sentais prêt. En y entrant, j'ai constaté que Claude était là, avec Jacques et le chef de la sécurité. J'étais si concentré sur l'entrevue que je n'ai pas remarqué les demi-sourires et les regards complices des trois sbires.

J'aurais dû être plus attentif…

Il faisait très chaud et mes collègues avaient ouvert l'immense fenêtre de la galerie de la presse pour aérer l'endroit. Du moins, c'est ce que je croyais… Les trois se sont soudain fait un signe de la tête et j'ai compris ce que leurs mimiques signifiaient. Dans un seul mouvement, les trois m'ont empoigné et m'ont balancé par la fenêtre. Dans mon esprit, j'étais parti pour une chute de 30 pieds! Pendant une fraction de seconde, j'ai cru que mon heure était venue. Ma vie a défilé devant mes yeux. Quasiment.

Dieu merci, ils savaient ce qu'ils faisaient et avaient prévu le coup : sous la galerie de la presse se trouvait le filet de sécurité qui protège des fausses balles ! Mais moi, j'ignorais qu'il se trouvait là ! J'avais l'impression que mon corps allait se fracasser au sol.

En m'extirpant de là, j'ai vu que les joueurs des Cards de St. Louis me regardaient, pris d'un immense fou rire. J'étais incapable de parler tellement j'étais sous le choc !

L'histoire ne s'arrête pas là.

Le lendemain de l'incident, j'ai reçu un mémo signé du président John McHale : « Si tu veux faire partie du cirque Barnum & Bailey, donne ta démission. Ce n'est pas un bouffon ni un acrobate que j'ai embauché. » J'étais estomaqué.

Pendant les trois semaines suivantes, je filais doux chaque fois que je le croisais. Je jouais profil bas en me montrant encore plus poli qu'à l'habitude. Lui me demandait comment j'allais, si tout se passait bien. Après un certain temps, je me suis décidé à aller lui présenter mes excuses pour ce qui était arrivé.

J'étais dans mes petits souliers. La sueur perlait sur mon front. Mes mains tremblaient. Les yeux fixant mes chaussures et rempli d'une gêne incroyable, je lui ai dit que je comprenais la teneur de son mémo, qu'il avait raison et que de telles choses ne se reproduiraient pas. C'est alors qu'il m'a répondu :

— Quel mémo ?

Décidément, les « faux mémos » de John McHale étaient une farce populaire chez les Expos ! Le président n'avait jamais rédigé le moindre mémo à propos de cette affaire. Quelqu'un avait décidé de pousser la blague… Je n'ai jamais su qui. J'ai appris par la suite que McHale était au courant. Toute l'organisation était au courant. Sauf moi.

Claude s'était vengé de la flûte (il avait été une des premières victimes de mon célèbre « coup de la flûte ». Plus de détails sur ce fabuleux concept un peu plus loin…). Mais j'avais un compte à régler avec Jacques.

1977, Philadelphie. Jacques et Claude décrivaient le match des Expos contre les Phillies ; moi, j'étais toujours directeur des voyages. Ce jour-là, une fois encore, il régnait une chaleur torride en Pennsylvanie. Sur la galerie de la presse, on avait l'impression qu'elle triplait en intensité. C'était intolérable. Jacques décrivait le match, suant à grosses gouttes, avalant verre d'eau après verre d'eau. Je l'admirais d'être capable de poursuivre cette description sans suffoquer.

Au milieu d'une manche, je l'ai prévenu que je devais sortir du studio pour assouvir un besoin pressant. Quand je suis revenu, j'avais un accessoire dans les mains : un seau d'eau glacée. Je me suis tenu quelques instants derrière Jacques, le temps qu'un nouveau frappeur des Phillies se présente au marbre. Au premier lancer, il a frappé un ballon au deuxième but. Quand j'ai vu que la balle allait être captée, j'ai versé le seau d'eau sur la tête de Jacques ! Subtil, le Brulotte !

Eh bien, croyez-le ou non, il n'a jamais bronché. Il n'a pas été déboussolé une seule seconde. Il a continué comme si de rien n'était.

— Ballon au champ centre, pour le troisième retrait.

L'eau dégoulinait de partout, sur le bureau, sur ses notes, sur le plancher. Sa tête, sa chemise et ses pantalons étaient détrempés. J'ai décampé à toute allure dans les couloirs pour ne pas me faire attraper durant la pause publicitaire.

Professionnel, le Jacques ? Et comment…

LES HÉRITIERS DE JACQUES DOUCET

Denis Casavant

J'ai l'impression qu'un jour, dans le dictionnaire, sous le mot « passion », on verra la photo de Denis Casavant. Lui aussi un élève de Jacques Doucet, Denis a beaucoup appris du maître. Il a appris l'importance de la préparation, l'importance de la précision, l'importance de laisser l'analyste faire son travail à sa façon. Élève doué s'il en fut un, ce Denis Casavant au talent de descripteur hallucinant. Ça a toujours été une joie de travailler avec lui. Il est un partenaire de travail très agréable, professionnel, renseigné, compétent, mais surtout passionné. Il aime le sport comme un peintre aime les couleurs, comme un chef aime les épices, comme un ébéniste aime le bois. Et il comprend le sport comme pas un. Être à ses côtés pour décrire un match de balle, c'est un honneur.

Avec lui aussi, j'ai de nombreux souvenirs. Entre autres, celui-ci.

Quand on lit ou on entend le nom Casey dans un contexte de baseball, on pense immédiatement à Charles Dillon «Casey» Stengel, le légendaire gérant des Yankees, gagnant de sept Séries mondiales, et un des personnages les plus colorés et les plus cités de la grande histoire du baseball. Mais c'est d'un autre Casey, ici, qu'il est question.

Denis Casavant, alors jeune annonceur très talentueux et très connaissant, m'a un jour accompagné en Indiana pour un match entre les Expos et leur club-ferme du niveau AAA à Indianapolis, les Indians. S'il m'arrive, dans la vie, de faire le fanfaron, je choisis mes moments. Il ne me serait jamais venu à l'idée de faire le bouffon devant Mel Didier, John McHale, Felipe Alou, Dick Williams, Jim Fanning, Buck Rogers et compagnie. Mais devant un jeune blanc-bec comme Denis Casavant, pourquoi pas?

Nous regardons la séance d'entraînement d'avant-match et je lui montre du doigt le joueur de deuxième but d'Indianapolis.

— Tu vois ce gars-là, Denis? Le deuxième but. Voilà un gars qui ne jouera jamais, jamais, JAMAIS, sous aucune considération, dans les ligues majeures. Parole de connaisseur.

— Pourquoi?

— Plein de raisons. Petit. Petites mains. Pas beaucoup de *range*. Lui, tu l'oublies.

— Ah bon. Merci, Rodger.

Moins d'un mois plus tard, Denis est sur la galerie de la presse au Stade olympique et il m'interpelle:

— Rodger!

— Hey, Denis, comment ça va?

— Regarde au deuxième but, le numéro 9.

— Un nouveau ?

— C'est Casey Candaele, celui qui ne jouera jamais, jamais, JAMAIS, sous aucune considération, dans les majeures.

Je suis allé manger mon hot-dog extra-moutarde en solitaire.

Un jour, le même Casey Candaele s'est présenté au Stade, tout joyeux. Il avait un scoop pour tout le monde.

— Madonna va jouer le rôle de ma mère ! qu'il nous a annoncé, tout fier. Et Geena Davis va être là, et Rosie O'Donnell, et Tom Hanks, et…

— Quoi ?

— Ils font un film sur les ligues de baseball de femmes. Ma mère jouait à l'époque, elle était très bonne et ils ont choisi Madonna pour jouer son rôle !

Bien sûr, tout le monde, moi le premier, s'est payé sa tête.

— Madonna va jouer le rôle de ta mère ? Ben oui, Casey, c'est sûr. Et qui va jouer le rôle de ton père ? Elvis ? Trouves-en une meilleure, le jeune.

Madonna (née Louise Ciccone d'une mère canadienne-française, Louise Fortin) a joué dans le film *A League of Their Own*, réalisé par Penny Marshall, relatant les exploits d'une équipe professionnelle de baseball féminin dans les années 1940. La maman de Casey, Helen Callaghan, a joué cinq saisons dans la All-American Girls Professional Baseball League (AAGPBL), de 1945 à 1949. Le frère de Casey, Kelly Candaele, a réalisé un documentaire sur cette ligue, ce qui aurait inspiré à Penny Marshall l'idée du film. Le personnage (fictif) que jouait Madonna était-il réellement inspiré d'Helen Callaghan ? On ne le saura jamais, mais tout compte fait, le petit Casey n'était pas loin de la vérité…

Casey Candaele, celui qui ne devait jamais, jamais, JAMAIS, sous aucune considération, jouer dans les majeures, y est demeuré une dizaine d'années, divisant son temps entre les Expos et les Astros de Houston. Moyenne à vie de 250. C'était un bon gars. Positif, animé, de commerce agréable.

Alain Chantelois

Alain Chantelois a été un autre commentateur qui vient de l'école Jacques Doucet et qui en a bien profité. Alain avait un style bien à lui, très coloré, très critique, misant sur l'humour quand l'occasion s'y prêtait. C'est ce qui a fait son succès : il était unique et authentique.

Au contact de Jacques, il a développé une autre facette de sa profession, sans jamais se dénaturer. Il est devenu plus rigoureux, il écoutait plus attentivement, était très concentré sur l'action, tout en bas. Sa passion pour le sport et son sens inné des relations humaines, ajoutés à l'exemple de Jacques Doucet, auront fait le travail. Il a connu une carrière plus qu'enviable.

Jean-Paul Chartrand fils

Être fils d'un journaliste sportif est une arme à double tranchant. Dès l'enfance, l'héritier baigne dans la soupe du sport, mais l'entourage s'interroge : sera-t-il aussi bon que son paternel ? Jean-Paul sénior est un des journalistes sportifs les plus « durables » de toute l'histoire du journalisme sportif québécois : il dépasse les 80 ans et est toujours actif. C'est notre Vin Scully…

En partant, le jeune Chartrand a le même prénom que son père, ce qui décuple la difficulté de se faire un nom. Et les attentes sont énormes.

Mais Junior est un gars brillant et aura réussi, à force de travail, à se distinguer, à se créer une niche bien à lui, une façon de faire bien à lui. C'est un travailleur infatigable qui ne s'est jamais contenté de demi-mesures. Il a été producteur du baseball des Expos, et je le soupçonne, comme tous les autres, de s'être inspiré de l'éthique du travail de Jacques Doucet. Il a sûrement été un des journalistes les plus appréciés et les plus compétents de toute l'histoire de TVA. Un perfectionniste et un généraliste accompli.

Marc Griffin

Il n'y a pas l'ombre d'un doute dans mon esprit : Marc Griffin avait tout pour faire carrière dans le baseball majeur. D'abord, il possédait la vitesse, mais aussi l'attitude et le talent – tant avec son gant que son bâton –, ainsi qu'une force mentale à toute épreuve. Je regrette que les Expos n'aient pas tout fait pour l'acquérir et le développer. Comme analyste à la radio et à la télé, c'était la même chose : élève de Jacques Doucet, grand connaisseur du jeu en tant que tel, il avait un superbe talent de communicateur. En plus d'être un travailleur acharné, Marc est un gars aussi brillant qu'aimable. Pendant l'ère Samson-Loria, il est devenu responsable de la diffusion des matchs, radio, télévision, anglais et français. Son travail était impeccable. Je n'ai pas été surpris qu'il soit choisi pour me remplacer quand la vie m'a amené ailleurs…

RODGER BRULOTTE

Eh oui, j'ai déjà joué au baseball
moi aussi ! Me voilà dans l'uniforme
du Kiwanis Est Junior, en 1969.
J'avais fière allure !

Fin des années 1970. L'équipe de balle du
Journal de Montréal, dirigée par Ti-Guy Émond.

La Miller Lite, on le sait, était «moins bourrative au goût». Pour
cette publicité, Bernard «Boom Boom» Geoffrion est entouré
de Gilles Gilbert, Fernand Marcotte, moi-même, Henri Richard,
Claude Raymond, Peter Dalla Riva et Diane Jules.

1

Au Club de golf de Lachute, accompagné du légendaire Arnold Palmer et de la golfeuse professionnelle Sandra Palmer.

Le célèbre producteur de film et acteur Ron Howard, lors d'une visite au Stade olympique.

Vous reconnaîtrez Michel « Le Tigre » Bergeron. Au Colisée de Québec, tout juste avant un match des défunts (et peut-être futurs) Nordiques…

Avec l'ineffable Jacques Doucet, avant un match des Expos au Stade olympique.

Avec la Caravane des Expos, au cours d'une visite à Ottawa, nous avons rencontré le premier ministre du Canada de l'époque, Brian Mulroney.

J'étais tellement content de rencontrer l'un de mes personnages télévisuels favoris, The Fonz (joué par l'acteur Henry Winkler), de la série *Happy Days*.

Je suis ici entouré de La Merveille, Wayne Gretzky, et de l'un des meilleurs voleurs de buts de l'histoire du baseball majeur, Lou Brock, devant le vestiaire des Expos.

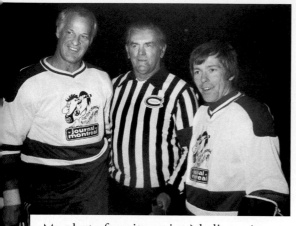

Ma photo favorite, point à la ligne. Avec
Gordie Howe et Maurice Richard, lors d'un
match-bénéfice. Meilleur trio de l'histoire
de l'équipe du *Journal de Montréal* !

De gauche à droite, je suis entouré du
célèbre photographe André « Toto »
Gingras, du directeur des sports du
Journal de Montréal Jacques Beauchamp,
ainsi que du barbier des sportifs,
Ménick.

1- Santo Alcala, Joe Kerrigan, Larry Parrish, Ellis Valentine, Billy Gardner, Jim Brewer, Dick Williams, Ozzie Virgil, Mickey Vernon,
Pete Mackanin, Tony Perez, André Dawson, Wayne Twitchell.
2- Danny Plamondon, Stan Bahnsen, Hal Dues, Gary Carter, Jose Morales, Larry Landreth, Tim Blackwell, Chris Speier, Don Stanhouse,
Steve Rogers, Dan Schatzeder, Sam Mejias, Jerry White.
3- Dino Trubiano, Yvon Bélanger, Harvey Stone, Dave Cash, Del Unser, Pepe Frias, Jackie Brown, Fred Holdsworth, Will McEnaney,
Stan Papi, Warren Cromartie, Bill Atkinson, Rodger Brulotte. Wayne Garrett (absent)

1977

La photo officielle des Expos en 1977, alors que j'étais leur directeur des voyages.

Avec Ménick et le maire Jean Drapeau, lors d'une cérémonie officielle à l'hôtel de ville de Montréal. Le maire était aussi passionné par sa ville que par le baseball.

Avec mon mentor, Jean Béliveau.

Les Quatre Mousquetaires ! Dans le cadre du Tournoi de golf Guy Charron et Jocelyn Guèvremont : André « Toto » Gingras, l'organiste des Expos Fernand Lapierre et le défenseur étoile du Canadien, Guy Lapointe.

5

Lors d'un tournage pour la Brasserie Labatt, mon complice était le comédien Martin Drainville.

Je suis accompagné du gérant des Expos Dick Williams, ainsi que du premier francophone à avoir évolué avec l'équipe, mon bon ami Claude Raymond.

Youppi et moi avons toujours été de grands amateurs de musique classique, surtout depuis notre rencontre avec le pianiste et compositeur de talent André Gagnon.

6

Le grand Gary Carter, qui est toujours présent dans mes pensées.

Avec Mitsou et Mario Pelchat, deux personnes pour qui j'ai le plus grand respect.

Mon amitié avec René Angélil dure depuis cinquante ans. Pour la petite histoire : Julie Snyder a déjà été ma collègue de travail, puisqu'elle faisait partie de l'équipe des préposés à l'accueil des Expos !

Avec Denis Coderre, maire de Montréal, et avec l'auteur du seul match parfait de l'histoire des Expos, le lanceur Dennis Martinez.

Au parc Consol, dans le centre-sud de Montréal, là où j'ai joué mes premières parties de baseball. Quand on était jeunes, on se faisait croire que le mur derrière moi, du bâtiment d'April Transport, était en fait le Monstre vert du Fenway Park de Boston…

Le Stade Delorimier était situé à l'angle des rues Ontario et De Lorimier à Montréal. Je suis devant la plaque commémorative de Jackie Robinson, le premier Afro-Américain à avoir joué au baseball professionnel, pour les Royaux de Montréal. Sur le site de l'ancien stade se trouve aujourd'hui l'école Pierre-Dupuy.

Devant ma maison d'enfance, rue Hogan, à Montréal, qui fut jadis le dépanneur de mes parents. Nous habitions à l'arrière de la bâtisse. Je n'ai que de bons souvenirs rattachés à ce lieu.

D'autres voix

D'abord, un peu d'histoire. Le roi parmi les grandes voix de ce monde, c'est sans conteste Vincent Edward «Vin» Scully. Ce grand homme est né en novembre 1927. Il est le descripteur des matchs des Dodgers de Los Angeles, mais a amorcé sa carrière alors que les Dodgers étaient encore à Brooklyn. Parmi les descripteurs, il bat tous les records de longévité, mais il y a plus que ça. À mes yeux, il est au baseball ce que Shakespeare est à la littérature anglaise. Il y a les autres, les Harry Caray, Jack Buck, Mel Allen, Red Barber, etc. Et une marche plus haut, il y a Vin Scully.

Bien sûr, j'ai appris de plusieurs grands commentateurs. Jack Buck, le père de Joe, actuellement brillant commentateur au réseau FOX, m'a enseigné la spontanéité. «Ne prépare rien. Ne te dis jamais: "Si telle situation se produit, voici ce que je vais dire…" Non. Laisse aller tes réflexes. Improvise. Tu en sortiras gagnant.» Suivant les conseils de ce grand maître, je ne prévois jamais les commentaires que je vais lancer en ondes. Ce que je vois sur le terrain, les jeux, les réactions du public, des joueurs, c'est ce que je décris avec spontanéité, en demeurant naturel. En fait, c'est ce que je ressens réellement que je transmets sur les ondes. Mon but est de m'assurer que ceux et celles qui m'écoutent ressentent le match comme s'ils étaient sur place. Un peu à l'image d'un comédien qui arrive sur scène et qui veut faire vivre ce que son personnage ressent. Sauf que je ne joue pas: je suis le personnage.

Il y a évidemment des différences dans l'approche des commentaires, selon qu'on travaille à la radio ou à la télé. À la radio, nous sommes les yeux de l'auditeur. Pour lui, c'est comme lire un roman. Le lecteur de roman vit les situations, et son imaginaire produit des images à la suite de sa lecture. Lorsqu'un joueur plonge pour atteindre le deuxième but, l'auditeur le voit plonger à sa manière, pas à la mienne. Je crois qu'à la radio, il y a autant de matchs qu'il y a d'auditeurs.

À la télévision cependant, l'important, pour un analyste, c'est de découvrir et de décrire un aspect que le spectateur n'aura pas vu. Et c'est toujours ce que je tente de faire.

À la radio, par exemple, une fausse balle dure longtemps, tandis qu'à la télé, tout le monde voit où va la balle. Inutile de dire si elle va vers le champ gauche ou droit ou derrière. À la radio, le ralenti, c'est la voix du commentateur ; la télévision laisse de l'espace au silence. À la radio, l'analyste et le commentateur parlent presque constamment. C'est pourquoi les jeux sont toujours plus spectaculaires à la radio.

Ma préparation est la même pour les deux médias. Seule la technique va changer. Dans les deux cas, le suspense influence ma façon de commenter. Un troisième retrait en neuvième manche quand le score est de 14-0 n'est pas le même que si le score est de 2-1... Même chose pour le moment de la saison où le match se déroule : l'excitation et la fébrilité ne sont pas les mêmes en début de saison que lors d'un match de Série mondiale.

Quand j'ai commencé à la radio, j'ai pu compter sur les conseils de Raymond Demers, qui a fondé en 1963 les Jeunes Sportifs d'Hochelaga. C'est un homme qui souriait rarement, mais son message était clair et précis. Il ne mettait jamais de gants blancs.

Après mes cinq premières descriptions de matchs à la radio, je l'ai appelé, tout fier :

— Comment vous m'avez trouvé ?

— Plate en tabarnak, qu'il m'a répondu tout net.

Il m'a expliqué que CKAC m'avait embauché pour celui que j'étais et que, selon lui, je n'étais pas moi-même en ondes. Par ailleurs, il m'a donné un conseil que j'ai toujours mis en pratique :

— Raconte-moi quelque chose que je n'ai pas vu.

Un autre qui m'a donné un excellent conseil, c'est mon ami d'enfance Yves Guay. Il m'a un jour posé une question qui m'a désarçonné :

— Rodger, aimes-tu Andres Galarraga ?

Il avait remarqué que j'étais dur avec lui dans mes commentaires. Il m'a alors fait comprendre que les gens qui nous écoutent nous *croient*, et qu'il faut donc faire très attention à ce qu'on raconte en ondes.

Une autre de ces grandes voix qui fut de mes maîtres : Harry Caray, qui m'a montré comment me rapprocher des partisans. Quand il décrivait les matchs à Chicago ou à St. Louis, Harry prenait le bottin téléphonique et notait le nom d'une personne au hasard : monsieur So and So, quincaillier de telle petite ville, au Missouri.

— Hey, un beau bonjour à monsieur So and So, d'Eagleville, Missouri ! J'espère que la quincaillerie va bien ! lançait-il en ondes.

C'est clair que quelqu'un avait entendu son commentaire.

— Hey, So and So, as-tu entendu ? Harry Caray t'a dit bonjour à la radio !

J'ai copié sa méthode.

Autre détail concernant Harry Caray : il m'a montré à signer des autographes. Quand un jeune ou un moins jeune me demandait de signer mon nom sur une balle ou sur un bout de papier, je le faisais toujours avec joie. Un jour, devant monsieur Caray, une personne m'a demandé un autographe sur une balle. Je me suis exécuté et ai signé « Rodger Brulotte ». Satisfaite, la personne est partie.

Carey m'a vu et il m'a demandé :

— *Do you have a home run call ?*

Je lui ai répondu que je disais toujours : « Bonsoir, elle est partie ! » Alors il m'a dit :

— Quand tu signes ton autographe, écris-le : « Bonsoir, elle est partie ! Rodger Brulotte. »

Je n'ai jamais plus signé d'autographe de la même façon depuis le cours d'autographe 101, par le professeur Harry Carey.

Des joueurs, des humains

MACK JONES

Dès le premier match des Expos à Montréal, la foule s'est trouvé un héros : Mack Jones. C'est le journaliste Ted Blackman qui a baptisé les estrades populaires de gauche « Jonesville », et le maire de cette « ville » était Mack Jones lui-même. Élu à l'unanimité.

Cette soudaine popularité était due à sa performance lors du match local inaugural, une victoire de 8-7 face aux Cards. Mack « the Knife » avait produit trois points, avec un circuit et deux autres sur un triple. Il n'en fallait pas plus. Vous pouvez imaginer ce joueur ? Il n'avait jamais été une star, lui qui évoluait dans l'ombre de Hank Aaron et d'Eddie Matthews avec les Braves, et il est devenu un héros en un seul match ! Cette affection du public ne s'est jamais démentie, jusqu'à son départ.

Jones était un homme paradoxal : renfermé, voire méfiant, ce qui n'était pas rare chez les joueurs afro-américains de cette époque, héritage des joueurs noirs qui l'avaient précédé dans le monde du baseball majeur. Mais il était en même temps flamboyant dans sa tenue vestimentaire, charismatique avec sa démarche « cool ». Une fois la carapace percée, il était très gentil. Un bon bonhomme.

RUSTY STAUB

Je pourrais passer des pages et des pages à relater ses exploits sur le terrain, à parler de son formidable coup de bâton, de son opportunisme, de ses relais-canons du champ droit au troisième but ou au marbre, de sa rapidité, de son intelligence du jeu. Mais ce que je retiens d'abord de celui qu'on a surnommé «le Grand Orange», c'est le fait que, à ma connaissance, il a été le premier athlète unilingue anglophone à trimer dur pour apprendre le français.

Dès 1969, il a pris des cours. D'autres l'ont imité par la suite – je pense à Ken Dryden, à Bob Gainey ou à Gary Carter, entre autres –, mais Staub a été le premier.

Rusty était au baseball ce que Jean Béliveau était au hockey: un homme de grande classe. Un homme authentique, vrai, sincère. Quand il a été échangé aux Mets, les partisans étaient en deuil. Lui aussi, je pense. Cette transaction, qui nous a quand même donné Ken Singleton, Mike Jorgensen et Tim Foli, a fait mal au moral des partisans, qui l'avaient tous adopté.

En 1979, quand il est revenu à Montréal, en provenance de Detroit, on lui a réservé une ovation qui a duré sept minutes. Partez vos chronos, vous allez voir: sept minutes, c'est long!

BILL STONEMAN

Après avoir été la toute première vedette des Expos au monticule, Bill Stoneman, qui avait épousé une Québécoise, est demeuré avec l'équipe et a été un de ses plus brillants architectes. De concert avec Dan Duquette, il a révolutionné la façon de monter une formation.

Le film *Moneyball* raconte comment le DG des A's, Billy Beane, a rebâti son équipe en s'appropriant des joueurs en apparence ordinaires, mais qui, mis ensemble, rendaient sa formation redoutable. Bravo à Billy Beane, il était brillant. Mais ne perdons pas de vue Bill Stoneman. C'est lui qui a, avant tout le monde, développé cette façon de faire, cette vision. Beane n'a rien inventé. Stoneman et Duquette, oui. Et des années avant Beane.

En 1987, par exemple, les Expos sont dans la course, et dans les derniers mois, ils annoncent l'arrivée de deux joueurs en apparence ordinaires : Otis Nixon et Rex Hudler. Ces deux joueurs sont instantanément devenus des catalyseurs pour l'attaque des Expos.

D'autres exemples : le voltigeur de centre Mitch Webster. Puis Dave Martinez.

Stoney était un homme très intelligent. Il aurait facilement pu devenir président d'une firme comptable, d'une banque ou d'une compagnie d'assurances.

Comme individu, Stoneman était un homme très discret, renfermé, qui ne faisait pas d'éclat. Ne parlait pas fort. Il était réfléchi et travailleur. C'était écrit dans le ciel que ce gars-là allait occuper des postes de haute direction. Stoney : un brillant parmi les brillants.

GARY CARTER

Quand une célébrité décède, il arrive souvent qu'on constate à quel point cette personne avait des amis…

— Aaah, c'était un de mes grands chums !

— Nous étions de bons amis, lui et moi.

— Ç'a été un de mes meilleurs *buddies* !

— On était toujours ensemble…

Et ainsi de suite.

Je ne doute pas des bonnes intentions de tous ces « amis soudains », mais disons que si le type revenait à la vie, il constaterait qu'il avait 100 fois plus d'amis qu'il ne le croyait.

Le mot « ami » est un mot important. Un mot qui, malgré sa simplicité, se doit d'avoir une profondeur. Dans ce sens, je n'ai aucun problème à poser ce mot sacré, « ami », entre Gary Carter et Rodger Brulotte.

Pourquoi, au fil des ans, de tous les joueurs ayant porté l'uniforme des Expos, Gary Carter est-il devenu celui dont j'ai été le plus proche ? Il y a plusieurs raisons. Question de caractère, sûrement. L'âge ? J'étais de quelques années son aîné, et il me considérait peut-être comme son grand (pas si grand que ça...) frère. Le fait que j'y étais dès ses toutes premières minutes à un camp d'entraînement des ligues mineures. Le fait que j'ai été témoin de toute son histoire, avant même que les Expos n'en fassent leur choix de deuxième tour en 1972, comme arrêt-court.

Notre toute première rencontre a eu lieu à Jamestown, dans l'État de New York, au camp d'entraînement des recrues. J'étais chargé d'aller le chercher à l'aéroport. Personne ne le connaissait, mais nous savions tous, dans l'entourage des Expos, que ce jeune homme avait un immense potentiel. Il fallait prendre grand soin de lui et s'assurer qu'il se sente immédiatement à l'aise parmi nous. Nous avons tout de suite cliqué. Notre amitié est née ce jour-là.

Nous blaguions souvent ensemble et un fou rire n'attendait pas l'autre. Nous avons été covedettes à la fameuse émission animée et conçue par Marcel Béliveau, *Surprise sur prise*. Gary était la victime et j'étais le complice. Selon le scénario établi par l'équipe de Béliveau, je déambulais avec Gary dans les rues de Montréal lorsque, soudainement, je me faisais kidnapper par des inconnus qui me jetaient dans le coffre d'une voiture.

N'écoutant que son courage et mû par son amitié, il s'est mis à courir derrière elle, en plein boulevard René-Lévesque, pour tenter de me sauver ; il a ainsi poursuivi le véhicule qui roulait pourtant en plein centre-ville. Ce qu'il ne savait pas, c'est que je n'étais plus dans le coffre depuis belle lurette.

Les deux véhicules se sont retrouvés rue Hôtel-de-Ville. Au coin de la rue Sherbrooke, en direction sud, la pente y est très abrupte et, comme les voitures roulaient à vive allure, elles ont toutes deux fait un bond de quatre ou cinq mètres dans les airs ! La chose aurait pu très mal tourner. Même les producteurs étaient inquiets. Je n'arrive toujours pas à croire que Gary Carter a pris de tels risques pour tenter de me délivrer de mes supposés ravisseurs...

Plusieurs années plus tard, à la veille de ses funérailles, ses filles ont regardé l'émission. Elles me connaissaient bien mais ignoraient le lien intime de complicité qui nous unissait, Gary et moi. Le lendemain, avant la cérémonie, elles sont venues me saluer chaleureusement. Je crois qu'elles ont compris, en regardant ces images, à quel point nous avions été de grands amis.

Sa personnalité attachante faisait de lui un homme exceptionnel, tout comme son attitude positive, en toutes circonstances. Comme il était une des grandes vedettes de l'équipe, j'avais souvent à l'accompagner ici et là. Nous étions souvent ensemble. Conséquemment, nous avons eu des milliers de discussions à propos de tout et de rien, de la vie et du baseball. Des souvenirs avec Gary Carter, j'en ai une valise pleine, peut-être même deux ou trois. J'étais dans son entourage à la naissance de chacun de ses enfants.

Ça ne me gêne pas aujourd'hui d'affirmer ceci : voici un gars qui a été un ami, un vrai, pendant toute sa carrière de 21 ans et même après. Jusqu'à la fin et au-delà.

Une scène en particulier me revient en mémoire. Ça se passait au parc Lafontaine. Gary Carter était alors au sommet de sa gloire avec les Expos. Meilleur receveur au monde, digne successeur de Johnny Bench. Son visage était aussi reconnu que celui de Guy Lafleur. Ce jour-là, les Expos étaient en congé. La prochaine série commençait le lendemain. Spontanément, je lui ai lancé une invitation :

— Hey Gary, ce soir tu viens avec moi, on va faire une petite sortie…

— Mais Rodger, ma femme ? C'est un de mes rares jours de congé, je lui dis quoi ?

— Tu lui dis de venir avec nous.

— Ok.

Nous voici donc au parc Lafontaine, par cette belle et chaude soirée d'été, Gary en pantalon propre et souliers chics. Un match de baseball se préparait sur le terrain principal du parc. Bien sûr, ça ne faisait pas dix secondes que nous y étions que tout le monde l'avait reconnu. On appelle ça le « charisme », si je me souviens bien.

Gary s'est approché du terrain et s'est mis à discuter de technique avec le receveur, puis avec le joueur de deuxième but, puis avec un et avec l'autre, sortant un crayon pour signer un auto-graphe ici et là. S'emparant d'un bâton, faisant disparaître quelques balles 500 kilomètres derrière le champ gauche, jasant avec l'arbitre ou l'entraîneur, s'amusant comme un *kid*. À tel point que sa femme et moi, nous avons eu toutes les difficultés du monde à le sortir de là.

— *Gary! Time to go!*

— *Gimme a minute, Rodg, just a minute...*

Nous avons répété ce genre de sortie une dizaine de fois, sinon plus, et chaque fois, c'était la même joie, la même attitude, la même gentillesse. Pour les témoins en uniforme de baseball, la même sur-prise, le même enchantement. Je suis convaincu que tous ces jeunes joueurs du temps, devenus aujourd'hui des adultes, n'ont pas oublié une seconde de ces soirées passées avec un des plus grands rece-veurs de tous les temps. Et un homme d'une grande bonté.

La rue Gary-Carter

Quand je racontais que ma relation d'amitié avec Gary s'est pour-suivie au-delà de sa vie, c'est de ça que je parle : la rue Gary-Carter, au coin du parc Jarry.

Comme je m'y connais en toponymie autant qu'en haute couture, je m'imaginais que changer le nom d'une rue était une affaire simple. Erreur. Ce n'est pas compliqué ; c'est très compli-qué. Et en même temps fascinant.

Pendant deux ans, j'ai suivi, sans le vouloir, un cours de topo-nymie. J'en ai appris énormément non seulement sur les détails légaux, tout le côté technique et administratif d'un tel processus, les implications logistiques, mais aussi sur l'histoire des noms des rues de la ville de Montréal*.

---

* Pour ne citer qu'un exemple, prenons les rues Roy, Rachel, Napoléon et Marie-Anne, situées dans le même quadrilatère. Un célèbre notaire du début du XIXᵉ siècle, maître Jean-Marie Cadieux, laissa une immense terre à ses survivants. La principale héritière était sa femme, Marguerite Roy. On a donc donné le nom de Roy à cette nouvelle voie. La fille du notaire s'appelait Rachel, son petit-fils, Napoléon, et sa belle-sœur, Marie-Anne...

Dans mon projet, j'ai pu compter sur la complicité de Tennis Canada et j'ai obtenu l'appui du maire Gérald Tremblay, qui m'a tout de même averti : « Soyez patient, monsieur Rodger. » Je vous passe les détails à respecter, les accords à obtenir, les conditions à remplir. Vous énumérer tout ça serait fastidieux. L'important, c'est que deux ans après ma première visite à l'hôtel de ville pour ce dossier, on a procédé à l'inauguration d'un tronçon de la rue Faillon, à l'ouest de Saint-Laurent, directement à côté du parc Jarry, l'endroit où est « né » mon ami. Ainsi son nom est passé à la postérité. C'était le but de l'exercice.

Un devoir de mémoire.

KEN SINGLETON

Un autre qui a marié une fille de chez nous, une Québécoise. Ken était un homme exceptionnel et brillant ; il est devenu commentateur d'abord avec les Expos, puis avec les Yankees. Il avait de la classe, de l'entregent, était toujours d'humeur agréable. Comme joueur, il figurait certes parmi les meilleurs à avoir défendu nos couleurs. Un autre qui ne voulait pas quitter Montréal… Un frappeur ambidextre de puissance, qui s'installait avec autant d'aisance à droite ou à gauche du marbre.

J'ai souvent joué au golf avec Ken, et quand les choses allaient mal sur les *links*, je lui disais : « Ken, change de côté, frappe de la gauche, ça peut pas être pire ! » Il la trouvait drôle.

Singleton demeure, encore aujourd'hui, plus de 40 ans plus tard, un ambassadeur hors pair quand il parle de Montréal et de ses trop courtes années avec l'équipe.

ELLIS VALENTINE

Tout amateur de baseball ayant vu jouer Ellis Valentine sait qu'il a été le joueur le plus talentueux de l'histoire des Expos. Au bâton, en défensive, partout. Le plus beau talent brut à avoir défendu les couleurs locales. Le plus bel exemple de gaspillage, aussi.

— *Mister Brulotte, are you taking care of Ellis? Is he behaving?*

— *No problem, Madame Valentine, I'm taking good care of him… He's okay.*

C'était un échange que j'avais régulièrement avec la mère d'Ellis Valentine. Lui-même, quand on s'est revus plusieurs années plus tard, m'en a passé la remarque : « Rodger, tu te souviens ? Tu étais comme mon père à Montréal. » Il semble que j'étais meilleur commentateur que père… Ça n'a pas été un succès, cette paternité improvisée.

Ellis était sans contredit l'idole de la foule montréalaise. Mais la drogue aura eu raison de lui. Ellis n'était pas méchant, ni tête enflée, ni prétentieux, loin de là, mais quel gros bébé ! Un adolescent qui n'aura jamais mûri. Une carrière exceptionnelle gaspillée.

STEVE ROGERS

Je n'apprends rien à personne, Steve Rogers a été un des meilleurs lanceurs de l'histoire de l'équipe, peut-être LE meilleur. Mais ce que je retiens de lui, surtout, au-delà de ses performances éclatantes sur la butte, c'est l'attention qu'il prêtait à ses coéquipiers. Rien de surprenant à ce qu'on le retrouve aujourd'hui dans le comité de direction de l'Association des joueurs, où il fait un excellent travail. Ça a toujours été dans ses gènes : s'occuper des autres, prendre soin des joueurs et de leurs problèmes avec les différentes directions, et même dans leur vie personnelle. Il a toujours été très dévoué. Avec son talent et son intelligence, il aurait bien pu ne se concentrer que sur lui-même, mais il en était incapable. En plus, il adorait jouer ici. Montréal a d'ailleurs été sa seule équipe dans les ligues majeures.

Dommage que le souvenir le plus marquant de son impressionnante carrière ait été ce coup de canon de Rick Monday, un certain lundi après-midi d'automne, en 1981. La vie est injuste…

Minutieux, dédié, Steve ne refusait jamais de représenter l'équipe lors de sorties dans le public. Il avait aussi appris à jouer au hockey. Avec Ken Singleton. Les deux jouaient avec nous dans des matchs amicaux. En plus, Steve était un homme très cultivé. On pouvait converser de tout avec lui, d'histoire, de politique, de musique, d'arts, de tout. Il avait un esprit très curieux.

Steve Rogers, un altruiste avant tout.

Bagarre

Au moment où s'est déroulée cette anecdote, j'étais au marketing de l'équipe. Le directeur-gérant Charlie Fox était allé chercher le joueur d'arrêt-court Chris Speier des Giants, en retour de Tim Foli.

Lorsque l'incident est survenu, j'étais dans le vestiaire, en pleine discussion avec un joueur. Charlie Fox vociférait, engueulait Chris Speier, qui connaissait des moments difficiles au bâton. Steve Rogers, représentant syndical des joueurs, a demandé à Fox de quitter le vestiaire. En guise de réponse, Fox a retiré ses lunettes et a asséné une bonne droite au visage de Rogers. Tony Perez est intervenu pour retenir Fox et tenter de le calmer. Il a crié, en riant :

— Tout ça n'a aucun sens. C'est le vieux de 60 ans que je dois retenir ? Qu'est-ce que tu fais, Steve ?

Lorsque je suis allé au bureau de Dick Williams, il m'a demandé de lui raconter ce qui venait de se passer. Je me suis bien sûr exécuté, et il m'a répondu :

— Bof, tout ça sera terminé dans une demi-heure.

À la fin de la saison 1978, Charlie Fox était congédié…

WARREN CROMARTIE

Les bagarres entre joueurs d'une même équipe sont monnaie courante. En général, elles surviennent dans les vestiaires avant ou après un match ou un entraînement. Plusieurs éléments peuvent expliquer la fréquence de ces batailles, à commencer par la pression et les egos des joueurs. Si les athlètes professionnels gagnent beaucoup d'argent, ils subissent tous une très forte pression. Ils doivent être performants, gagner pour les propriétaires, leur entraîneur, les amateurs, les médias et les commanditaires. Ces dizaines de joueurs passent 200 jours ensemble, 12 heures par jour...

Certains ne se battent jamais. D'autres, au contraire, semblent y prendre un réel plaisir. Parmi ces derniers, il y avait Warren Cromartie. Allez savoir pourquoi, mais pendant son séjour avec les Expos, de 1977 à 1983, il a eu le don de se retrouver impliqué dans toutes les batailles ou presque. Seul problème : il les perdait toujours !

Au moment de la pratique au bâton d'avant-match, la routine était toujours la même : cinq coups de suite et le joueur laissait son tour au suivant. Lors d'un séjour à Los Angeles, vers la fin de l'exercice, Cromartie ne décollait pas après ses coups réglementaires et en rajoutait. Au bout d'un certain temps, Larry Parrish lui avait dit que cela suffisait, qu'il devait céder sa place au joueur derrière lui. Pour toute réponse, Cromartie l'a envoyé promener. Le visage de Parrish a viré au rouge. Tout le monde constatait sa rage.

De retour dans l'abri, les deux joueurs se sont mis à s'injurier de plus en plus violemment ; je sentais que la bagarre n'allait pas tarder. Sauf que je me trouvais au mauvais endroit au mauvais moment, exactement entre les deux, sans aucune possibilité de m'en sortir. Andre Dawson a finalement décidé d'intervenir et a demandé à Cromartie de s'écarter et de retourner sur le banc. J'étais toujours au milieu, entre Dawson, Parrish et Cromartie. Grâce au « Hawk », les deux ont fini par retrouver leur calme.

Quelques années plus tard, au Stade olympique «sans toit», un match a été retardé en raison de la pluie, comme ça arrivait souvent. Certains joueurs avaient décidé de jouer aux cartes en attendant. Sans que personne ne comprenne trop pourquoi, il y a soudain eu une esclandre entre Sam Mejias et Cromartie, le premier prévenant le second que dès que l'équipe serait de retour au vestiaire, il allait lui régler son compte.

Une fois le match terminé, après une victoire des Expos, les deux joueurs sont entrés dans le vestiaire et une violente bagarre a éclaté. Après le combat, j'ai dû emmener Cromartie à l'hôpital. Il était bien trop fier pour s'y rendre en ambulance.

Durant le trajet, il m'a dit : «Encore une de perdue. Mais un jour, Rodger, un jour, je te jure que je vais en gagner une.» L'idée m'est venue qu'il allait là, tout de suite, me prendre au collet et remplir sa promesse... Contre un poids plume comme moi, il avait toutes les chances de gagner ! Mais il n'était heureusement pas si désespéré.

BILL LEE

Tous savent que Bill Lee était surnommé «Spaceman». Ce que la plupart des gens ignorent, toutefois, c'est qu'il était réellement un extraterrestre, venu de je ne sais où. Une planète étrange dans une lointaine galaxie. D'une façon ou d'une autre, il a abouti sur les terrains de balle de l'Amérique. Il était passionné par le jeu lui-même, par l'histoire du baseball depuis les tout débuts, par les personnages ayant marqué cette histoire.

C'était un homme fascinant, surprenant, qui répondait de sa façon unique à toutes les questions qu'on lui posait. On ne savait jamais à quoi s'attendre avec lui.

Si, un jour, vous avez l'occasion de lire sa biographie, *The Wrong Stuff*, vous verrez pourquoi je prétends qu'il provenait d'une autre galaxie. Quel gars sympathique. Quel gars éclaté. Quel personnage. Et un lanceur d'exception.

ANDRE DAWSON

Un homme intègre. Un meneur silencieux. Il ne faisait pas de bruit, ne haussait jamais le ton, mais sa façon de se comporter autant sur le terrain qu'à l'extérieur inspirait tous ses coéquipiers, les plus jeunes comme les plus vieux.

Il nous arrivait parfois d'aller au cinéma en compagnie de Serge Touchette, du *Journal de Montréal*, après des matchs d'après-midi. Lors de ces soirées, nous montions tous les trois dans un taxi pour nous rendre au cinéma. Une fois sur place, nous achetions nos billets, regardions le film et repartions ensuite chacun de notre côté, souvent sans prononcer un seul mot si ce n'est « bonjour ! » et « au revoir ! ».

Des années plus tard, un des oncles d'Andre est décédé et je me suis rendu aux funérailles. J'étais le seul Blanc dans l'assistance. Ne voulant pas troubler son recueillement et celui de sa famille, je m'étais assis à l'arrière de l'église. Plusieurs de ses proches me regardaient, se demandant bien qui j'étais et ce que je faisais là. Dawson était bien sûr assis tout à l'avant. Quand il m'a aperçu, il s'est levé de son siège pour se diriger vers moi. Il m'a donné une longue et émotive accolade. Les gens présents ont compris à ce moment-là que je n'étais pas là par hasard, mais bien par amitié.

TIM RAINES

Tim Raines était un boute-en-train. Toujours joyeux, de bonne humeur, il aimait bien rigoler et ne se prenait pas au sérieux pour deux sous. Et quel talent ! Je ne suis pas le seul à le dire, si Raines avait été juste un peu plus concentré sur la tâche, un peu plus sérieux, il aurait frappé 3 000 coups sûrs, 300 circuits et aurait volé plus de buts que Ricky Henderson. Il serait déjà à Cooperstown, sans aucune hésitation.

Avec sa façon très légère de voir la vie, son comportement dans le vestiaire et sur le terrain, tout comme dans les avions et partout ailleurs, il était adoré de ses coéquipiers autant que de ses adversaires.

Je suis allé quelques fois souper avec Tim et il ne ratait jamais l'occasion de me présenter d'autres athlètes. Une fois entre autres, à Chicago…

— Rodger, viens, je vais te présenter un de mes amis.

Nous nous sommes levés et dirigés vers une autre table.

— *Michael, I'd like you to meet my friend from Montreal, Rodger!*

— *Hi Rodger, how are you, pleasure to meet you.*

— *Same here, Michael.*

C'était Michael Jordan.

Tim était toujours gentil, agréable. Il n'avait pas une once de prétention en lui.

Love the Rock.

TIM WALLACH

Il fut le seul capitaine de l'histoire des Expos, et un excellent capitaine. Wallach et sa femme Lori formaient un duo hors pair quand venait le temps d'aider un joueur ou la femme d'un joueur aux prises avec une situation délicate, dans la vie ou sur le terrain. Wallach est un autre gars qui ne faisait pas grand bruit, mais il avait le cœur sur la main et était toujours là quand on avait besoin de lui.

Après les funérailles de ma sœur Isabelle, je me suis retrouvé à Pittsburgh avec l'équipe, d'où nous diffusions le match. Dès que Tim m'a vu dans le vestiaire, il s'est levé et est venu à ma rencontre. Il m'a serré dans ses bras, chaleureusement, et m'a dit à l'oreille :

— Rodger, si jamais tu as besoin de parler, ou de quoi que ce soit d'autre. Je suis là. Lori est là. *Twenty-four/seven.* Prends soin de toi.

Je n'oublierai jamais son geste.

Tim Wallach, superbe joueur de troisième but, mais surtout un être humain exemplaire. Un vrai de vrai.

DENNIS MARTINEZ

Un athlète et un humain inspirant. Doublé d'un caractère particulier, on s'entend, mais quel homme. On devrait le citer en exemple partout dans les écoles, pour enseigner aux jeunes que, quand on est motivé, on peut se sortir de n'importe quelle impasse.

Dennis avait de sérieux problèmes de consommation. D'alcool, surtout. Tous les gens du baseball l'avaient abandonné. On le disait irrécupérable. Mais les Expos, eux, ont cru en lui, et ils ont eu raison.

Rares sont les lanceurs qui ont remporté 100 victoires dans l'Américaine et autant dans la Nationale. Dennis était un dur, et il était incapable d'accepter de perdre. Il ne se gênait pas pour blâmer la nonchalance de l'un, la paresse de l'autre. Il ne se défilait jamais et disait toujours ce qu'il avait sur le cœur. Que ce soit pour critiquer un de ses coéquipiers ou un de ses entraîneurs, il n'était pas gêné du tout. Mais au-delà de ses sautes d'humeur, Dennis était et demeurera toujours un exemple de courage et de détermination.

D'ailleurs, petit détail technique : il a lancé un match parfait. En 135 ans d'histoire du baseball, en plus de 200 000 matchs, il n'y a eu que 23 parties parfaites. Dennis en a offert une aux partisans des Expos, en direct de la Californie.

Quel homme. Quel lanceur.

PEDRO MARTINEZ

Autant Pedro était une terreur sur le monticule, une vraie force de la nature doublée d'une intelligence et d'une précision de chirurgien, autant il était sympathique et avenant avec tout le monde, en particulier les partisans.

Pedro ne s'est jamais fait prier, avant et après les matchs, pour signer des autographes et échanger avec les gens d'ici. Lors des Caravanes, il était toujours le premier à aller à la rencontre des gens. Non seulement il ne se plaignait pas, mieux: il adorait ça.

Pendant les matchs où il était assigné à l'abri, il était intenable. Un vrai bouffon cherchant toujours à jouer un tour à celui-ci ou à celui-là. Incapable de rester en place. Il bougeait toujours, comme un ado turbulent.

Et un autre champion qui adorait Montréal.

J'ouvre une parenthèse, ici. Pedro aimait Montréal, et il est parti à Boston malgré lui. Mais je pourrais dire la même chose de toutes les grandes vedettes qui ont eu un destin similaire. Jamais une seule de ces stars incontestées n'a demandé à être échangée, ni n'a exigé de quitter la ville et l'équipe. Jamais. Ni Staub, ni Dawson, ni Carter, ni Raines, ni Vladimir, ni Valentine… personne! Ni Cabrera, ni Vidro, ni Singleton, ni Grissom, Moises, Walker, Randy Johnson. Ils ont tous quitté les Expos parce qu'on les a chassés, sacrifiés ou échangés. Dans la très grande majorité des cas, c'était pour des raisons financières, budgétaires, ou encore stratégiques. Mais aucun d'eux n'a quitté l'organisation de gaieté de cœur. Aucun. Zéro.

Tous les gars aimaient le cachet unique de Montréal, ils aimaient l'organisation. Et ils aimaient les partisans. Sans basse flatterie. C'est vrai.

VLADIMIR GUERRERO

Dans la plupart des cas, les joueurs de baseball sont les mêmes sur le terrain et à l'extérieur. Je citerai en exemple celui qu'on surnommait «le Professeur», Greg Maddux. Il était un intellectuel à l'extérieur des lignes, et un intellectuel sur le monticule. Pas beaucoup de puissance, mais une précision hallucinante et une mémoire phénoménale.

J'ai eu de nombreuses conversations avec le gentleman Maddux, toutes aussi captivantes et intéressantes les unes que les autres. Je pourrais dire la même chose de son coéquipier Tom Glavine. Deux gars qui m'ont beaucoup appris.

Vladimir Guerrero était aussi le même homme dans la vie de tous les jours et quand il patrouillait le champ droit ou se présentait dans la boîte des frappeurs, à droite. Sur le terrain comme ailleurs, c'était un enfant. Un enfant qui adorait jouer. Juste jouer. Avoir du fun à faire ce qu'il faisait, avec plus de talent brut que quiconque. Vladimir n'avait pas besoin du fameux « livre » de baseball. D'ailleurs, il a passé sa carrière à déjouer ledit « livre ». Le livre dit qu'on doit laisser passer un lancer à huit pouces à l'extérieur du marbre et à six pouces du sol. Vladimir le catapultait dans les estrades de droite. Le tir est trop haut, à l'intérieur, on laisse passer. Vladimir le propulsait haut dans les estrades du centre. Le livre dit : on ne vole pas le troisième but dans telle ou telle circonstance. Vladimir le volait. Le livre dit : on ne contourne pas le troisième but quand l'arrêt-court a la balle en main, et Vladimir glissait sauf au marbre. Le livre dit que pour la concentration, on ne doit pas s'occuper des spectateurs. Vladimir saluait sa mère chaque fois qu'il se présentait au marbre. C'était un petit garçon qui se foutait de sa fiche personnelle. Avant les matchs, alors que ses coéquipiers lisaient des notes ou regardaient des vidéos du club adverse, Vladimir affrontait le lanceur de la soirée… sur son PlayStation !

Le livre ne dit nulle part qu'on doit avoir du fun… Et Vladimir Guerrero n'avait que ça, du fun à jouer. Combien de fois Felipe lui a dit qu'avec juste un peu plus de concentration et d'application, il atteindrait 3 000 coups sûrs ? Ça entrait par l'oreille droite et ça ressortait par la gauche.

Quand il se présentait au bâton pour la pratique d'avant-match, tous les journalistes laissaient de côté les claviers d'ordinateur, les crayons et les notes, et regardaient le spectacle. Des coups de canon, un derrière l'autre.

À chaque visite des clubs adverses, la mère de Vladimir apportait de la bouffe dominicaine pour tous les joueurs latins, coéquipiers et adversaires. Parfois, Vladimir invitait les mêmes latinos à une bouffe maternelle dans son petit appartement du centre-ville.

Quoi qu'il en soit, ce qu'il pouvait accomplir sur le terrain, en défense ou au bâton, n'avait pas de limites. Quel joueur, et quels grands moments il nous a offerts.

Remarquez, je lui en veux un peu, je l'admets. Plusieurs fois dans ma carrière, j'ai dû passer à un cheveu de me péter les cordes vocales. Et plus souvent qu'autrement, c'était par sa faute.

ANDRES GALARRAGA

On l'appelait « le Gros Chat ». Parce qu'il était comme un gros minou. Parfaitement inoffensif.

Il ne parlait ni anglais ni français, bien sûr. En fait, il connaissait à peine quelque mots d'anglais, et pourtant…

C'est en 1986 qu'il a fait une de ses seules déclarations dans les micros des journalistes. Les Expos étaient alors engagés dans la course au championnat avec les Mets de New York. Il a déclaré, dans un anglais plus qu'approximatif, que les Expos allaient battre les New-Yorkais. Cette remarque lui a explosé en plein visage. Les journaux de New York en ont profité pour le qualifier d'arrogant, de prétentieux. Pauvre Andres ! Un homme si pacifique…

Pour vous donner une idée, je me souviens d'une phrase du Gros Chat pour expliquer ses succès au bâton : « *Me see ball. Me hit ball.* » Pas très compliqué.

Et il avait raison : il voyait balle, il frappait balle. Il frappait balle très très loin.

MARQUIS GRISSOM

Arrivé chez les Expos en 1989, Marquis Grissom a fait partie d'un trio extraordinaire avec Cliff Floyd et Rondell White, qui se sont joints à l'équipe en 1993. Trois gars dans la vingtaine. Cette année sera la meilleure de Grissom à Montréal.

Grissom, qui me dépassait, en taille, de deux ou trois pouces, m'appelait «le Midget». Un gars affable, sérieux et travailleur. Un marchand de vitesse qui n'aurait jamais voulu quitter les Expos. Un autre qui a dû partir contre son gré.

RONDELL WHITE

Pour bien saisir la personnalité de Rondell White, il faut mentionner un tout jeune homme du nom d'Anthony Carola. Luigi Carola, le père de celui-ci, travaillait pour les Expos comme employé au marketing. Il travaille aujourd'hui avec le célèbre F-X Seigneur, au Centre Bell. Et le petit Anthony était atteint de leucémie.

Comme il était un fanatique de sport, son père l'a amené plusieurs fois au Stade et il lui a un jour présenté Rondell, avec qui il s'est lié d'amitié. Rondell a adopté le garçon et il est devenu son grand frère, son accompagnateur. Il l'appelait toutes les semaines pour avoir de ses nouvelles et jaser de sport.

Quand White a été échangé aux Cubs, cette relation a continué. Il a un jour payé à Anthony un voyage Montréal-Chicago, pour qu'il soit le préposé aux bâtons des Cubs. Il a été fidèle au jeune et l'a accompagné jusqu'à son dernier souffle. Son deuxième fils s'appelle d'ailleurs Anthony Rondell.

Le jeune Anthony est décédé des suites de sa maladie à l'âge de 14 ans. Rondell White l'a accompagné jusqu'à la fin.

Ça, c'est Rondell White, un humain exceptionnel. Et tout un joueur de balle.

LARRY WALKER

Un fervent boute-en-train. Un autre qui devenait sérieux quand le match commençait et le demeurait jusqu'au dernier retrait.

Mais entre la fin d'un match et le début du suivant, par contre, le naturel revenait au galop…

J'aurais de la difficulté à trouver un autre joueur des Expos qui excellait à ce point dans toutes les facettes du jeu. Travaillant, puissant, rapide, brillant, autant avec son bâton qu'avec son gant ou ses jambes. Ce joueur-là n'avait aucune faille, aucune faiblesse. Rien à son épreuve.

HENRY RODRIGUEZ

Il m'en doit une, Henry. Une boîte pleine.

Un jour, dans un de ses premiers matchs avec les Expos, il a catapulté une balle qui, selon ce qu'on m'en a rapporté, aurait atterri au Nouveau-Brunswick. Suivant les conseils de Jack Buck, le célèbre commentateur des Cards de St. Louis qui m'avait suggéré de ne jamais retenir mes impulsions en ondes, j'ai hurlé : « Oh ! Henry ! Oh ! Henry ! Oh ! Heeeennnnnry ! »

Quelques jours plus tard, il signait une entente publicitaire avec vous devinez qui… Eh oui : Oh Henry !, les tablettes de chocolat.

Chaque fois qu'il sortait une balle du Stade, les partisans, par dizaines, lançaient des tablettes Oh Henry ! sur le terrain, au point où l'arbitre du match, Harry Wendelstedt, avait averti la foule que si elle continuait son manège, les Expos allaient perdre par défaut. Quel manque de jugement.

En attendant, j'espère toujours que Henry me fera parvenir une boîte de Oh Henry !…

Des gérants, des *boss*
et des humains

GENE MAUCH

L'ancien joueur et gérant Gene Mauch était un homme organisé, une encyclopédie du baseball, qui connaissait mieux le livre des règles du jeu que le pape ne connaît la Bible. Il m'a appris l'art d'évaluer le talent d'un joueur, ses forces et ses faiblesses. Il n'était pas parfait, par contre. J'ai toujours pensé que « le Petit Général », comme on le surnommait, prenait des décisions souvent trop hâtives. Si tu changes ton lanceur un peu trop tôt dans un match, il te restera beaucoup moins d'options en fin de huitième manche… Mais ce n'est que mon opinion. Tout amateur de baseball qui se respecte (et j'en suis) a un petit gérant qui sommeille en lui…

Mauch avait le respect des vétérans, mais les jeunes joueurs ne l'aimaient pas. Et pour cause : il ne voulait rien savoir des jeunes. Même qu'on a fini par le congédier à cause de son manque de considération, entre autres, pour Andre Dawson, Larry Parrish et Gary Carter, des jeunes affamés, bourrés de talent, qui n'avaient pas leur place dans l'équipe, selon lui.

À son départ, les Expos ont fait une grosse erreur en le remplaçant par un homme inexpérimenté, Karl Kuehl, qui était jusque-là responsable du développement des joueurs des ligues mineures. Kuehl, au contraire de Mauch, savait gérer les jeunes loups, mais ignorait comment parler à des vétérans, des joueurs établis… Même si monsieur Kuehl a été un gérant médiocre, il a tout de même été extraordinaire pour développer les jeunes joueurs.

DICK WILLIAMS

L'histoire des Expos de Montréal regorge de personnages colorés, flamboyants et excentriques. Tenter de les décrire tous relève de l'impossible, tant ils sont nombreux. Si je devais porter mon choix sur un d'entre eux, ce serait le très coloré Dick Williams.

Williams, décédé en 2011 à l'âge de 82 ans, est membre du Temple de la renommée. Il est devenu en 1977 le quatrième gérant des Expos. Il arrivait auréolé de deux victoires en Série mondiale avec les A's d'Oakland, en 1972 et 1973. Avec son embauche, les Expos avaient réussi un coup de maître ; l'homme était convoité par de nombreuses équipes. C'est la qualité de l'organisation et des joueurs de l'équipe qui l'avait convaincu de déménager chez nous.

Avec son caractère bouillant, voire explosif, les anecdotes sur ses agissements, ses déclarations, ses comportements sont sans fin.

À cette l'époque, j'étais directeur des voyages pour les Expos. J'ai donc pu le côtoyer de près, puisque je suivais l'équipe dans tous ses déplacements. Taciturne, Dick Williams était une merveilleuse tête de cochon. S'il avait décrété que le ciel était vert et que les vaches avaient six pattes, il n'en aurait pas démordu, peu importe les arguments contraires ou la simple évidence des faits. En clair, il avait toujours raison. Surtout lorsqu'il avait tort.

Williams n'entretenait pas de relations avec ses joueurs en dehors des limites du vestiaire et du terrain. Il n'avait aucun attachement ni intérêt pour eux. Alors qu'il venait d'être nommé gérant de l'équipe, je suis allé le chercher dans le tout petit aéroport de Daytona Beach, où les Expos s'entraînaient. Au bout du mince couloir de l'aérogare est apparu le lanceur Steve Rogers.

Vu l'étroitesse des lieux, il nous a aperçus tout de suite, et nous de même. Tout naturellement, le joueur s'est dirigé vers nous, un large sourire accroché aux lèvres. J'ai demandé à Dick si nous allions l'emmener avec nous dans la voiture pour le reconduire au parc où les Expos s'exerçaient. La réponse de Dick fut nette, directe, sans appel :

— Rogers ? Il n'a qu'à se débrouiller.

Du pur Dick Williams.

Ses joueurs ne représentaient rien pour lui lorsqu'ils n'étaient pas sur le terrain. Notre lanceur vedette en a fait ce jour-là l'amère expérience… Encore aujourd'hui, lorsque je croise Steve Rogers, il ne peut s'empêcher de me rappeler cette anecdote et d'ajouter que même 40 ans plus tard, il n'en revient toujours pas de l'attitude de son patron de l'époque.

Un jour, nous nous apprêtions à jouer un match pré-saison contre les Astros de Houston. Quelques joueurs étaient dans l'autobus qui devait nous mener à l'hôtel. J'étais alors, comme c'était presque toujours le cas, assis dans le premier siège. L'assistant-entraîneur, paniqué, est allé en courant au bureau de Dick Williams pour l'avertir. Sans perdre un instant son flegme légendaire, Dick lui a répondu :

— Parfait. J'ai le temps de me servir un autre scotch. On va attendre qu'ils aient fini de régler leurs affaires. On partira quand ce sera fait.

Du pur Dick Williams, tome deux.

Après un atterrissage à Philadelphie, nous sommes restés sur nos sièges pour attendre les autobus. Mais les véhicules ne se pointaient pas, et nous devions nous rendre à l'hôtel. J'ai fait quelques appels pour me renseigner sur ce fâcheux retard. On m'a répondu que les autobus étaient en route, mais que des embouteillages les avaient retardés. Nous étions là, l'équipe au grand complet, à attendre dans l'avion, sur le tarmac de l'aéroport. Plus l'attente perdurait, plus l'ambiance devenait agitée. Certains joueurs, Ellis Valentine et Warren Cromartie en tête, ont commencé à me taquiner. Ils se moquaient de moi en disant que j'avais dû oublier de réserver les bus. Amusé, j'ai fini par leur répondre que les autobus étaient au troisième but et que personne d'entre eux n'était capable de frapper le coup sûr qui les amènerait au marbre.

Il nous a fallu patienter plus d'une heure encore. Un seul autobus a fini par arriver, plutôt que les deux prévus. Nous allions devoir nous entasser à l'intérieur, et certains feraient même le trajet debout.

Dick Williams, qui était assez porté sur le scotch, était déjà pompette et commençait à parler fort, d'un ton agressif. Ses invectives ne visaient personne en particulier, mais ciblaient l'univers tout entier. Lorsqu'il avait bu, il avait cette fâcheuse tendance de se plaindre à haute voix de tout ce qui ne lui convenait pas dans son environnement immédiat. Avec méfiance et précautions, j'ai pris place sur le banc à côté de lui, à l'avant de l'autobus, comme d'habitude. Nous nous sommes mis en marche et le chauffeur s'est trompé de route. Williams lui a demandé, avec zéro courtoisie, s'il avait besoin d'un copilote pour le guider.

Pendant ce temps, la radio de l'autobus diffusait un match Phillies-Mets. Les Phillies étaient au bâton, en neuvième manche. Avec toute l'agressivité et le ton baveux dont il était capable, Dick questionnait le chauffeur sur la pertinence du chemin qu'il avait choisi d'emprunter. Pour une énième fois, il répétait au chauffeur qu'il était convaincu que nous faisions fausse route. Cette fois, ce fut la goutte qui fit déborder le vase. Son ton et ses mots contenaient tellement de hargne que le chauffeur exaspéré s'est retourné vers lui pour lui lancer :

— Je ne te dis pas comment gérer ton équipe, tu ne viendras pas me dire comment conduire mon autobus !

Les joueurs, ravis de cette réplique, ont commencé à l'encourager à continuer d'envoyer promener leur gérant. Il était si rare de voir quelqu'un tenir tête à Dick Williams de cette manière !

Dick, pour sa part, était furax. Ses joues étaient rouges de colère et ses yeux sortaient de leurs orbites. Il a craché au chauffeur :

— Si jamais les Phillies frappent un coup sûr pour la victoire, je te sacre mon poing sur la gueule !

Ce qui devait arriver arriva : quelques secondes après cette menace intempestive, coup de circuit ! Sans hésiter, Dick a bondi de son siège et lui a asséné un violent coup de poing au visage. Ozzie Virgil, un instructeur, et moi, nous nous sommes rués sur Dick pour l'empêcher de continuer ce combat de boxe inégal, puisque le chauffeur devait garder les mains sur le volant et les yeux sur la route ! Heureusement, malgré la douleur, il a réussi à conserver son sang-froid et à immobiliser son véhicule sur le bas-côté du chemin.

Le lendemain, les Expos ont dû présenter leurs excuses à la compagnie d'autobus et rembourser les dommages qui avaient été faits au véhicule…

À lire, la vie et la carrière de Dick Williams dans l'autobiographie *No More Mr. Nice Guy*, *A Life of Hardball*, coécrite avec l'auteur Bill Plaschke. Des heures de plaisir.

BILL VIRDON

Un gérant de passage, engagé pour faire le pont entre deux régimes. Au départ, ça ne lui tentait pas plus que ça, mais John McHale a fini par le convaincre.

Virdon, c'était un militaire.

Nous étions un jour à Atlanta pour y affronter les Braves, rien ne marchait dans l'équipe. Warren Cromartie a décidé de fouetter les troupes après un match particulièrement mauvais : il a renversé la table où était posée la nourriture, dans un coin du vestiaire. Quelques secondes plus tard, est arrivé Bill. Constatant le dégât, il a demandé qui avait fait ça. Cromartie a plaidé coupable. Virdon a répliqué :

— C'est moi qui renverse les tables ici, pas toi.

C'était lui, le *boss*. Que ce soit clair. Renverser les tables, c'est le mandat du gérant…

Une autre fois, à Memphis, le propriétaire et fondateur de Wendy's avait invité les membres de l'équipe chez lui. Il y avait de la bonne musique, le party levait. Warren Cromartie, encore lui, a trouvé une batterie et s'est mis à en jouer ; il faut savoir qu'il était plutôt bon musicien. Quand Virdon a aperçu Cromartie derrière sa batterie, il a ordonné à tout le monde de monter dans l'autobus. Le party était fini.

Pendant les deux ans où il a été gérant (1983 et 1984), j'ai plus souvent aperçu la comète de Haley qu'un sourire de Bill Virdon…

BUCK RODGERS

Buck a insufflé une nouvelle vie aux Expos, un véritable vent de fraîcheur. Il était différent des autres. Il était très proche de ses joueurs. C'est lui qui m'a appris à bien communiquer avec eux. Il m'a montré à m'intéresser à ce qu'ils font hors du terrain, à leurs passe-temps, à leurs passions… Combien de fois il m'a raconté des histoires de joueurs qu'il avait fréquentés au cours de sa carrière ! Ma culture en matière de baseball a fait tout un bond à son contact. C'était un homme très intéressant et généreux.

TOM RUNNELS

Mauvaise place, mauvais moment, mauvais *call*. Runnels, arrivé avec l'équipe en 1991, a voulu implanter un nouveau système de discipline plus strict après l'ère Rodgers, mais son manque d'expérience l'a vite coulé. On se souviendra toujours qu'il s'est pointé au camp d'entraînement habillé comme le général Schwarzkopf, commandant en chef de l'armée américaine et leader de la coalition lors de la guerre du Golfe. Les joueurs se demandaient qui était cet hurluberlu !

Il a creusé sa propre tombe lors des émeutes à Los Angeles, à la suite de l'acquittement des policiers qui avaient battu à mort le désormais célèbre Rodney King. Ces violents événements avaient forcé l'annulation de notre série contre les Dodgers. Nous logions à San Diego, et malgré l'ambiance de deuil généralisée, le pauvre Runnels avait ordonné la tenue d'un entraînement à huit heures du matin, juste avant notre vol de retour vers Montréal. C'était la première fois que je voyais ça dans toute ma carrière… et ça a été la dernière!

Ce fut le début de la fin pour Ton Runnells. Cela dit, c'était un bon homme de baseball. C'est sous sa gouverne que Dennis Martinez a réalisé son match parfait. Il n'y était pas pour grand-chose, mais il était là.

Je lui lève mon chapeau pour ce qu'il a fait avec Pierre Arsenault. C'est en effet lui qui l'a nommé entraîneur dans l'enclos. Il remportera plus tard une Série mondiale, quand il aura poursuivi cette carrière avec les Marlins.

FELIPE ALOU

En fin de saison 1973, pour la modique somme de 50 000 $, les Expos ont fait l'acquisition de Felipe Alou, libéré par les Yankees de New York. On m'a demandé d'aller le chercher à l'aéroport et de le ramener au parc Jarry.

Il faut savoir qu'en voiture, j'ai le sens de l'orientation d'un deux par quatre. Alors, je me perds régulièrement. Comme nous étions en pleine heure de pointe, j'ai décidé de prendre un «raccourci»… On a mis deux heures à faire un trajet qui en prend normalement le quart! À un moment donné, c'est Felipe, nouvel arrivant dans la ville, qui m'a fait remarquer que nous tournions en rond… Voilà pour notre première rencontre.

Felipe Alou m'a beaucoup appris. Il m'a surtout appris à gérer des situations difficiles, même explosives. Comme gérant, il n'avait qu'une philosophie: «Pas de règlement, juste le gros bons sens.»

Au baseball, comme dans tous les sports professionnels, les joueurs sont parfois indisciplinés: ils arrivent en retard aux entraînements, ils ne respectent pas le couvre-feu, etc. Dans des cas comme ceux-là, un gérant ou un entraîneur est tenté de pénaliser le joueur. Mais pas Felipe. Il avait compris qu'en pénalisant un joueur, il pénalisait en fait toute l'équipe. Si tu laisses ton joueur étoile sur le banc, il devient inutile ; sur le terrain, il te donne une chance de gagner. Cette philosophie, je l'ai appliquée plusieurs fois par la suite. Parfois, tu dois encourager ton meilleur employé lorsqu'il en a le plus besoin.

Felipe a sauvé la franchise des Expos. N'eût été l'intervention de Claude Brochu, nous n'aurions jamais pu profiter de ses extraordinaires qualités de gérant. Felipe n'a jamais été le choix de Dan Duquette, le directeur-gérant. Mais grâce à l'insistance de Claude Brochu, il s'est retrouvé à la barre de l'équipe. Duquette disait qu'il était gérant par intérim. Il n'a jamais dit publiquement qu'il était « son » gérant. Cette situation irritait Felipe. « *I was never confirmed* », répétait-il.

Felipe avait un don avec les jeunes joueurs ; il savait comment leur parler pour leur faire sentir qu'ils étaient déjà des « joueurs des majeures ». C'est ce qu'il a fait avec Larry Walker, Andres Galarraga, Rondell White et de nombreux autres. Il a été incroyable. Il savait comment former une organisation de gagnants ; d'ailleurs, il a gagné partout où il est passé. À Montréal, il a terminé avec une fiche gagnante en dirigeant une équipe qui n'avait que très peu de profondeur.

Dès leur arrivée dans les majeures, il enseignait les « vraies affaires » aux jeunes. Ce n'est pas pour rien que Pedro Martinez l'a si chaleureusement remercié lorsqu'il a été intronisé au Temple de la renommée du baseball : il sait qu'il doit à Alou d'avoir cru en lui et d'avoir fait de lui un meilleur joueur de baseball et un meilleur homme.

Comme gérant, ses messages étaient clairs. Je me rappelle que lors d'un match, un lanceur adverse avait atteint l'un de nos joueurs étoiles, je ne sais plus lequel. Felipe n'avait rien dit ; il avait simplement marché le long de l'abri en regardant notre lanceur, John Wetteland, directement dans les yeux. C'est lui qui m'a raconté l'anecdote plus tard. John avait compris le message : « Sois pas inquiet, *coach*, je m'en occupe », a-t-il répondu d'un regard à Felipe. À la manche suivante, Wetteland atteignait le meilleur joueur de l'équipe adverse !

Les joueurs voulaient jouer pour Felipe. Et il les protégeait en retour.

J'adorais discuter de baseball avec lui. Je buvais ses paroles lorsqu'il me parlait de son pays natal, la République dominicaine, qui a été envahie par les Américains. Je me souviens d'une anecdote qu'il m'avait racontée un jour. Lors d'une manifestation, des Américains ont voulu l'arrêter. C'est alors qu'un de leurs collègues s'est interposé.

— Ne touche pas à Felipe Alou, sinon tu vas déclencher une révolution.

C'est dire à quel point il était un héros sans commune mesure dans son pays. Un des premiers grands joueurs latinos du baseball, une des personnes les plus respectées partout en Amérique latine… De héros sportif, il est devenu un vieux sage.

Il y a une loi non écrite au baseball, destinée aux journalistes : ne jamais mettre le gérant dans l'embarras ni mettre en doute son jugement à la suite d'un jeu. Le gérant, c'est sa job, voit tout. Il ne faut pas tenter de le convaincre qu'on a vu une situation que lui n'a pas vue. Il voit TOUT.

Une situation s'était présentée pendant un match de soirée. Selon moi, en tant qu'analyste, l'amorti déposé l'avait été en direction du lanceur des Expos, et un jeu aurait été possible au troisième but. J'ai confronté Felipe à ce sujet après le match. Lui affirmait que l'amorti avait été déposé vers Sean Berry, au troisième. Nous nous sommes obstinés. Chose à ne pas faire, je le confesse. Felipe ne m'a pas trouvé très drôle.

— Tu vois quoi, toi, à partir de la galerie de la presse ? Hein, tu vois quoi ?

— Me semble que j'ai vu que…

— Je suis sur le terrain, Rodger, je vois ce qui se passe pour de vrai. Pas toi.

— Oui, mais...

Et la discussion s'est poursuivie. Nous n'avons rien réglé. En revenant chez moi, je me suis senti coupable d'avoir trop insisté. La situation au sujet de laquelle nous nous étions confrontés n'était pas, après tout, d'importance capitale. J'aurais dû me fermer la trappe. Le lendemain, je suis arrivé au Stade beaucoup plus tôt qu'à l'habitude, dans le but de m'excuser auprès de ce géant de la science du baseball qu'était Felipe.

À mon arrivée, il se trouvait au champ centre et il m'a vu, juste à côté de l'abri des joueurs. Il est venu vers moi. Avant même que j'aie pu ouvrir la bouche, il a engagé la conversation.

— Rodger, ça fait 20 ans qu'on se connaît. Tout ce temps à se côtoyer a fait de nous des amis. Et des amis, ça ne se chicane pas. Notre amitié doit triompher, doit être plus forte qu'un amorti dans une partie de balle. Vers le lanceur ou vers le troisième but, on s'en fout. On ne doit plus jamais se chicaner, ok, Rodger ?

— Tu as raison, Felipe. Je te remercie. J'étais venu pour m'excuser.

— Laisse faire les excuses, Rodger. Tu n'as pas à t'excuser.

Il m'a serré la main et est retourné au champ centre. Après quelques pas, il s'est tourné vers moi pour ajouter :

— *By the way*, l'amorti était au troisième but.

J'ai ri.

FRANK ROBINSON

C'est quand même une belle coïncidence : le premier joueur afro-américain des ligues majeures s'appelait Robinson (Jackie) et a joué à Montréal, alors que le dernier gérant de l'histoire des Expos était un Afro-Américain qui s'appelait... Robinson (Frank). Son mandat n'a pas été de tout repos, car il n'avait pas d'équipe... Il se contentait de garder les joueurs sur le terrain, ce qui est tout ce que quiconque peut faire dans les circonstances.

CHARLIE FOX

Charlie Fox, c'était un gagnant. La chance que j'ai eue avec lui, c'est qu'il m'emmenait dans les réunions importantes, il me montrait comment ça se passait en réalité, la *business* du baseball. J'assistais silencieusement aux discussions entre directeurs-gérants en vue d'une transaction… et j'accompagnais Fox lorsqu'il allait annoncer au joueur qu'il venait d'être échangé. J'ai beaucoup appris avec lui. Il a aussi été un de mes fidèles amis, en plus d'être mon partenaire de racquetball !

JIM FANNING

Le Claude Ruel des Expos : comme gérant, il était parfait pour éteindre les feux, mais il avait de la difficulté à mener les pompiers ! Les joueurs ne le respectaient pas beaucoup. Un joueur de baseball peut haïr son gérant tout en continuant de le respecter. Les joueurs aimaient bien Jim, mais ne le respectaient pas. Cela dit, il a été tout un homme d'organisation pour les Expos, et il a accompli un travail extraordinaire.

MURRAY COOK

Une bonne tête de baseball, mais certains de ses agissements hors du terrain ont forcé l'organisation à le congédier.

En tant que directeur-gérant, il s'est retrouvé dans une situation difficile. Coincé, il a dû échanger Gary Carter. Ce sont des choses qui arrivent dans une équipe de sport professionnel, mais quand ça t'arrive, ton devoir est d'obtenir une bonne transaction ; or, dans ce cas précis, Cook n'a pas obtenu assez en retour de Carter. Cet échange a fait très mal à l'organisation.

DAVE DOMBROWSKI

Dave a bâti un système de recrutement incroyable; c'est lui qui a rebâti l'organisation pour en faire des quasi-champions en 1994 et 1995. Si nous avons été si compétitifs dans ces années-là, c'est à lui qu'on le doit (parlant de dettes, je lui dois plusieurs repas, perdus lors de matchs de squash!).

Quand il a quitté les Expos pour devenir directeur-gérant et président des Marlins de la Floride, j'ai perdu un bon ami. Son départ m'a fait mal. J'étais triste. Il a fait du si bon travail avec nous. La cicatrice n'est pas encore refermée.

KEVIN MALONE

Lui, c'était un vrai cow-boy: avec Malone, ça tirait de tous bords, tous côtés! Il a quand même réussi à faire de bonnes acquisitions (Lenny Webster, par exemple), qui ont permis aux Expos d'être dans les courses de championnat.

JIM BEATTIE

Quand Jim Beattie est arrivé ici comme directeur-gérant en 1995, les propriétaires ne voulaient plus payer les gros joueurs de l'équipe. C'est pourquoi il a dû échanger Pedro Martinez (contre presque rien). Cette non-volonté des propriétaires d'avoir une équipe compétitive a fait bien plus de tort à la franchise que la grève de 1994... Ce fut un véritable cataclysme! On a laissé partir les meilleurs joueurs et on a voulu vendre l'équipe... Je n'ai jamais compris cette philosophie d'affaires. Critiquer le travail de Jim Beattie serait malhonnête: il avait les mains liées.

OMAR MINAYA

Un bon homme de baseball… mais son mandat avec les Expos était d'éventuellement fermer les livres… Il a échangé des joueurs talentueux qui sont devenus des super-vedettes : Cliff Lee (gagnant du trophée Cy Young), Grady Sizemore (devenu un joueur de champ centre exceptionnel), Brandon Phillips (joueur de deuxième but qui a participé au match des étoiles). Imaginez ce qu'auraient pu accomplir ces anciens Expos sur le même terrain que Vladimir Guerrero ! Le réseau des filiales les avait développés, mais on les a échangés…

Des arbitres, des hommes

Tout au long de ma carrière d'analyste, j'ai entretenu une relation privilégiée avec les arbitres. J'ai toujours considéré qu'ils étaient de grands négligés dans le monde du sport. Les médias, comme le public, ne parlent de leur travail que de manière négative. Ils font très souvent l'objet de critiques. Je plaide coupable : il m'arrive aussi de soulever leurs erreurs, selon ma compréhension du jeu, pendant les matchs...

PAUL RUNGE

Il y a quelques années, au Stade olympique, j'avais dit d'un arbitre nommé Jerry Lane qu'il avait été nonchalant lors d'une décision. Le lendemain, je reçois un coup de fil de Paul Runge, qui officiait justement la veille. Il voulait me parler. Je descends dans le vestiaire des arbitres. Il était devant une télévision, avec une cassette VHS. Il la glisse dans le lecteur. On m'y entend dire le mot « nonchalant ». Il me demande de lui expliquer où était la supposée nonchalance dans cette décision. Je lui donne mon point de vue. Il m'explique à son tour, de sa position d'arbitre, que ce n'est pas une question de nonchalance, mais de « mauvais positionnement ». Depuis ce jour, dans mes analyses, il n'y a plus d'arbitre nonchalant, juste des arbitres mal placés...

ED MONTAGUE

Il y a souvent des controverses lors d'un relais serré au premier but, alors que le coureur dépose son pied sur le coussin au moment même où le joueur de premier but capte la balle. Il s'agit souvent d'une question de centièmes de seconde, ou de quelques centimètres. Après un de ces jeux serrés au premier but, alors que je critiquais une décision, j'ai été convoqué par mon bon ami (et occasionnel partenaire de golf), l'arbitre Ed Montague. Il m'a expliqué que, de la galerie de la presse, il était impossible pour moi d'entendre le bruit que fait la balle en entrant dans le gant du joueur de premier but, alors que lui, à quelques mètres de là, n'avait aucune difficulté à l'entendre.

Une autre leçon pour l'analyste…

ERIC GREGG

J'adore jouer des tours aux arbitres. Ma cible préférée dans ce domaine était sans aucun doute Eric Gregg.

C'était un homme d'une grande gentillesse, très sympathique, peut-être trop. Il était un peu bonasse et tombait dans le panneau à chaque blague que je lui faisais.

Un jour, mon ami Pierre Lacroix m'avait donné une flûte qui avait toute l'apparence d'une vraie, mais qui était truquée : quand une personne soufflait dedans pour en jouer, une volée de farine lui blanchissait le visage ! Tout heureux de ma nouvelle acquisition, je m'étais rendu au Stade olympique avec la flûte magique. Juste avant le match, je m'étais approché de Gregg et lui avais demandé s'il pouvait conserver la flûte dans le vestiaire des arbitres jusqu'à la fin de la joute. Pour la lui confier, j'avais prétexté qu'un des joueurs n'arrêtait pas d'en jouer et que ça énervait ses coéquipiers.

Toute personne à qui on donne une flûte finira, tôt ou tard, par souffler dedans ! Gregg n'était pas différent des autres. Dans son cas, ça allait se produire plus tôt que tard. Après seulement quelques secondes en possession de l'instrument, il avait porté la flûte à sa bouche et y était allé d'une profonde expiration dans le bec. Puisque Gregg était afro-américain, le résultat fut mémorable et… très visible !

Quelques mois plus tard, je m'étais pointé au Stade avec un téléphone « aquatique » : un faux téléphone dont le fil est relié à une poire gorgée d'eau. Dès que quelqu'un saisit le combiné, si on presse la poire, une ouverture dans le micro du téléphone lui envoie un puissant jet d'eau au visage. Je m'étais alors arrangé avec Dick Williams, le gérant de l'équipe. Je lui avais demandé s'il me laisserait faire une petite farce à Eric Gregg en plein match. Dick, qui n'avait pas froid aux yeux, me demanda de quoi il s'agissait. Je lui avais expliqué la blague et il m'avait donné son accord. Mieux encore : il acceptait de participer !

Nous étions donc à peu près à mi-chemin dans le match, au beau milieu d'une manche, quand Dick a fait semblant d'être au téléphone. Je tenais la poire dans mes mains. Après quelques secondes de ce faux appel, Dick, dans l'abri des joueurs, a crié à Eric, derrière le marbre, que le président de la ligue voulait lui parler au téléphone. Il a gesticulé pour faire comprendre à Dick que ce n'était pas le moment et qu'il valait mieux attendre la fin de la manche. Dick a insisté, lui criant qu'il devait prendre l'appel *maintenant*. Après réflexion, Eric a fini par délaisser son poste pour se diriger vers l'abri. Dans le Stade, personne ne comprenait pourquoi l'arbitre abandonnait son poste ; ça ne se fait pas en plein milieu d'un match, surtout pas quelqu'un d'aussi expérimenté que Gregg. Une fois arrivé, il a saisi le téléphone.

— *Hello, mister President.*

À cette seconde, j'ai pressé la poire. Greg était tout mouillé et Dick était hystérique, tout comme moi. Après cette énième blague à son endroit, Gregg m'a promis qu'un jour, il prendrait sa revanche…

Il n'a jamais pu. Le sympathique Eric Gregg est décédé en 2006.

JOHN MCSHERRY

Les stades, les arénas et les terrains de sport sont le théâtre d'événements qui mettent spectateurs, journalistes et participants dans des états qui passeront de la joie à l'excitation, à la frustration, à la déception ou à la colère. Rarement assistons-nous à des moments tragiques. On peut être enragé contre un joueur ou un autre après une défaite, mais après tout, ce n'est qu'un jeu. Ce n'est pas une question de vie ou de mort.

C'était le 1er avril 1996. Nous étions à Cincinnati. Ce jour-là, les Reds lançaient leur saison, contre nos Expos.

Depuis mes tout débuts comme analyste, je ne faisais pas que parler aux joueurs et aux entraîneurs des deux équipes avant un match : chaque fois qu'une série débutait, j'avais pris l'habitude de rendre visite aux arbitres avant la première joute. Ces gars-là sont aux premières loges, plus près de l'action que n'importe quel spectateur ou commentateur. C'est encore plus vrai pour celui qui officie derrière le marbre. Il tâte le pouls de chaque joueur, il voit s'il est en forme ou fatigué, en confiance ou nerveux...

Les arbitres me confiaient toujours des renseignements pertinents sur les joueurs, que je ne me privais pas d'utiliser en ondes. C'était encore plus vrai quand je connaissais l'arbitre depuis longtemps. Après toutes ces années, il était normal de développer un lien de confiance et même, parfois, une certaine amitié avec eux. Comme avec John McSherry.

Ce jour-là, c'est lui qui officierait derrière le marbre. Depuis son entrée dans la Ligue nationale en 1971, McSherry était un des arbitres les plus respectés du baseball majeur. Joueurs et entraîneurs soulignaient souvent son professionnalisme, son intégrité, mais aussi son intransigeance, une qualité indispensable pour se bâtir une réputation. En plus de ces qualités, il avait un des gabarits les plus imposants parmi tout le personnel d'arbitres : 1,90 mètre, 180 kilos, personne ne pouvait le manquer. Les joueurs et les entraîneurs hésitaient avant de rouspéter contre ses décisions...

Nous en étions donc au tout début de la saison. Je m'attendais à retrouver un McSherry plein d'entrain, comme c'était son habitude. Ce fut plutôt à un homme fatigué et las auquel j'ai eu affaire. Ça m'a surpris. Après tout, comme nous tous, animateurs, analystes, joueurs et entraîneurs, il revenait de longues vacances. Nous avons discuté un bon quart d'heure, et je me souviens d'avoir quitté le vestiaire des arbitres en me disant que la saison risquait d'être longue pour lui.

Après les festivités du match d'ouverture, on a lancé la première balle. McSherry cherchait son souffle. Quelques tirs plus tard, je l'ai vu se relever derrière le receveur. Il a fait demi-tour et est resté ainsi quelques secondes, puis il a marché péniblement vers le vestiaire des officiels, derrière le marbre. Tout le monde se demandait bien ce qu'il faisait.

Après quelques pas, il s'est écroulé sur le terrain.

Les autres arbitres sont accourus vers lui, comme les joueurs. Je me suis levé de mon siège pour tenter de mieux voir ce qui se passait. Nous avons vite appris qu'il s'agissait d'une crise cardiaque foudroyante. Quelques minutes plus tard, son décès fut constaté sur place. Il avait 51 ans.

J'étais tout à l'envers quand la nouvelle est tombée. Même si j'avais constaté qu'il ne semblait pas en forme avant le match, jamais je n'aurais pensé que sa situation était si critique. Je le connaissais depuis si longtemps… Je n'avais plus envie de jouer les analystes.

L'importance des autres

L'être humain naît, grandit, vieillit, évolue, et le temps qui passe le sculpte selon ses expériences, et surtout selon ses rencontres. Vous ne seriez pas qui vous êtes sans les gens que vous avez rencontrés, admirés, aimés. Qui vous ont nourri de leur propre vécu, de leurs réalisations, idées ou cheminements. Si « les autres » n'existaient pas, on ne serait rien.

C'est l'addition de toutes ces rencontres qui fait de nous qui nous sommes. Tous ces gens, de tous les âges, de toutes les origines, de tous les milieux, de toutes les expériences : ce sont eux qui, au bout du compte, nous aurons « faits ». Certaines de nos rencontres sont furtives, rapides. On peut rencontrer une personne une seule fois, mais cette rencontre sera néanmoins fructueuse ; elle laissera une trace en nous et contribuera à faire de nous qui nous sommes… D'autres rencontres sont plus durables. On les appelle « les amitiés ». Des gens que le hasard a mis sur notre chemin, à un moment ou un autre, et qui, pour telle ou telle raison, y demeurent pour la vie.

Je remercie tous les gens qui m'auront permis de vivre la vie que j'ai vécue jusqu'ici et que je continuerai à vivre, le plus longtemps possible.

RICHARD MORENCY

Nous étions de tout jeunes adolescents quand nous sommes entrés dans la vie l'un de l'autre, pour ne jamais en sortir. À l'époque, Richard jouait au baseball et au hockey pour l'Immaculée-Conception. Le Centre Immaculée-Conception est un organisme sans but lucratif qui demeure un modèle depuis presque 70 ans. Sa mission : rendre la vie des jeunes plus agréable, plus active, en axant leur travail sur le sport et la culture. Que ce soit au hockey ou au baseball, les équipes qui arborent l'uniforme de l'IC sont toujours parmi les meilleures.

La vie a souvent de bonnes idées, et elle nous a tracé des destins parallèles, à Richard et moi, de sorte que nous avons toujours été en position de nous entraider, de nous donner mutuellement des coups de pouce.

Richard a eu une carrière plus qu'enviable, avec pour seuls diplômes son intelligence, son jugement, sa passion du sport et un sens inné des relations humaines. Il a travaillé à CJMS, à CKVL, à CKAC. Il était soit en ondes, soit dans un bureau de direction. Il a succédé à Claude Mouton comme annonceur maison des Expos, quand Claude a quitté l'équipe pour joindre les rangs du Canadien. C'était au début des années 1970, au parc Jarry. Il a poursuivi cette carrière au Stade olympique, puis a gradué et est devenu vice-président au marketing de l'équipe.

Peu importe le poste qu'il occupait ou l'organisation pour laquelle il travaillait, il est toujours demeuré pour moi un ami d'une fidélité sans limites. Cette amitié est un trésor pour moi.

MICHEL BERGERON

Au robinet, il y a l'eau chaude et l'eau froide. Sur la planète, il y a le pôle Nord et le pôle Sud. En politique, il y a la gauche et la droite. Dans la vie, il y a Michel Bergeron et Rodger Brulotte. Quand on dit que les contraires s'attirent, Michel et moi en sommes la représentation parfaite.

Amis quasi inséparables depuis l'adolescence, alors que nous étions coéquipiers au hockey et adversaires au baseball, cette amitié ne s'est jamais démentie. Malgré les engueulades, les critiques bien senties, les divergences d'opinions, le lien a toujours été aussi solide. Nous jouons au golf ensemble presque tous les jours. Il ne se passe pas une semaine sans que survienne une escarmouche verbale, pour une raison ou une autre, la plupart du temps très innocente. Michel est un explosif qui ne garde rien en dedans; il est incapable de voiler ce qu'il pense ou ce qu'il ressent. Je suis plutôt du type qui contrôle ses émotions et demeure calme. Michel est un gros tigre… dégriffé. Il ne ferait de mal à personne.

Quand, il y a quelques années, il s'est retrouvé dans une salle d'opération de l'Institut de cardiologie, à son réveil, j'étais à ses côtés.

— Qu'est-ce que tu fais ici?

— J'avais rien à faire, je suis arrêté en passant…

Quand sa carrière d'entraîneur a pris son envol sérieusement, c'est-à-dire le jour où on lui a confié le volant des Draveurs de Trois-Rivières, il a débarqué en terrain hostile; la presse locale et les partisans trifluviens acceptaient mal le congédiement de Claude Dolbec, un gars de la place, et acceptaient encore plus mal l'arrivée de ce jeune inconnu venu de Montréal. On l'attentait avec une brique, un fanal et une litanie d'injures. Pour ses premiers pas en Mauricie, nous, sa garde rapprochée, l'avions accompagné – nous, c'était Richard Morency, Pierre Lacroix, le barbier Ménick et moi. Un journaliste local toujours actif dans le milieu du sport à Trois-Rivières, Claude Loranger, m'avait demandé ce à quoi les partisans des Draveurs devaient s'attendre.

— Dans la ligue, il y a un Napoléon à Sherbrooke, Ghislain Delage. Delage a formé Bergeron et il en a fait un tigre. Ils ont peut-être Napoléon en Estrie, mais ici, vous avez un tigre.

Sans le vouloir, je venais de rebaptiser Michel. Ce surnom lui a collé à la peau pendant toute sa carrière.

MÉNICK

Dès le début de sa carrière de barbier, Ménick avait compris l'importance de s'impliquer dans son milieu, d'être vu, de ne jamais compter les heures supplémentaires, d'aider sa communauté à l'extérieur des murs de son salon. Ainsi, après ses journées de travail toujours bien remplies, on pouvait le voir dans les estrades et les corridors d'arénas du quartier Rosemont. Il faisait du bénévolat et aidait le fameux Comité des jeunes de Rosemont à amasser des fonds pour du nouvel équipement, ou pour défrayer les coûts des voyages en autobus afin de participer à un tournoi ou un autre. Il rentrait chez lui tard le soir, et quelques heures après, au petit matin, il était de retour derrière sa chaise de barbier.

Un beau jour de 1969, je me suis arrêté à son salon de la rue Masson. Je n'ai plus jamais visité d'autre salon que le sien.

Comme membre de la grande équipe des Expos, j'avais souvent à représenter mes employeurs à une soirée de remise de prix, de lancement de saison, etc., un peu partout dans la grande région de Montréal et ailleurs, à Sorel, à Granby, à Gatineau, à Laval, Repentigny ou Saint-Jérôme. Chaque fois, je demandais à Ménick de m'accompagner. Il n'a jamais refusé. Le célèbre photographe Toto Gingras était aussi de la partie. Petit à petit, il est devenu un visage et un nom connus, et comme il est plus travaillant que trois chevaux, son humble commerce a connu un grand succès qui perdure aujourd'hui. Je défie n'importe qui de se présenter au salon de barbier Ménick sans qu'il y soit, toujours de bonne humeur, éclatant, affable. Dans son vocabulaire, le mot « vacances » n'existe pas.

Par contre, et il ne le dira jamais lui-même, le mot « générosité », lui, existe. Si les gens savaient à quel point Ménick a aidé des gens sans le crier sur les toits, bien au contraire, sans même en faire mention… C'est plus qu'impressionnant. Je me permets de le dire ici, en sachant qu'il va m'en vouloir. Mais je me dois de le faire pour lui rendre justice.

TOTO

Pour ceux qui ne le sauraient pas, Toto, c'est André Gingras, ancien apprenti boucher, le plus célèbre photographe de sport montréalais. Il est devenu un as de la lentille quand Jacques Beauchamp, directeur des pages sportives du *Journal de Montréal*, l'a pris sous son aile et l'a propulsé au sommet. C'est Toto, appuyé par son patron Beauchamp, qui a décidé que Rodger Brulotte, ce petit francophone des Loisirs Saint-Eusèbe, allait devenir quelqu'un. Ils allaient tout faire pour m'encourager, me soutenir et me donner de la visibilité.

Je ne peux pas dire que je m'ennuie de Toto, qui nous a quittés en 2007. Je ne m'ennuie pas de lui parce qu'il est toujours là, dans mes pensées, presque de façon quotidienne. J'entends toujours sa voix rauque, ses éclats de voix, son humanité. Sûr, sa présence physique me manque, mais il ne m'a jamais quitté. Il a été trop important pour moi.

Voici une petite anecdote qui illustre bien la relation que j'entretenais avec Toto, et aussi son caractère unique. Willie Mays, sans doute une des plus grandes stars de l'histoire du baseball, est en visite au parc Jarry avec les Mets, sa dernière équipe. Nous sommes en 1971. La veille, Jean Béliveau a annoncé sa retraite du hockey. Toto, armé de son appareil, me demande de lui mettre en scène un cliché sur lequel apparaîtraient le grand Jean et le grand Willie. Il faut dire que Willie Mays n'était pas un type facile... Je m'approche de lui délicatement et lui demande s'il n'accepterait pas de se faire prendre en photo en compagnie de Béliveau. Il ronchonne, naturellement; il ne se prêtait pas souvent à ce genre de séance. Toto interrompt ma conversation avec le Say Hey Kid, dans son anglais approximatif:

— *Mister Mays: you, in baseball, is superstar. Me, in photo, is also superstar...*

Mays l'a trouvé tellement comique qu'il s'est prêté de bonne grâce à l'exercice. Il était tout sourire. Toto a pris autant de photos qu'il le voulait.

Cré Toto. Unique au monde.

PIERRE LACROIX

Mon amitié avec Pierre Lacroix a su résister à l'épreuve du temps. Je l'ai connu à l'adolescence, alors que son père Gérard, qui habitait Rosemont, venait me reconduire à Laval quand j'y jouais au hockey. Pierre faisait partie de l'équipe midget du Comité des jeunes de Rosemont, une organisation sportive de renom. Par la suite, nous nous sommes affrontés au baseball junior. Pierre était un excellent receveur. Je l'ai d'ailleurs revu à mes tout débuts avec les Expos, quand il a été invité à un camp d'essai par ces derniers.

Il a ensuite entrepris une carrière qui s'est avérée impressionnante : il a travaillé pour le magasin Raymond Sports à Laval et a enchaîné avec des chapitres fructueux à la brasserie O'Keefe puis chez Rothman's, avant de devenir agent d'athlètes et dirigeant d'équipes professionnelles. Pierre m'a toujours beaucoup fait rire. C'est d'ailleurs lui qui était, plus souvent qu'autrement, l'instigateur des coups pendables dont je n'étais que l'exécutant. Le cerveau derrière, c'était lui.

Pendant quelques années, notre amitié a été mise à l'épreuve. C'est toujours difficile, voire impossible, de conjuguer l'amitié et les décisions d'affaires. Et c'est très délicat d'être plongé dans un contexte professionnel où les émotions et la *business* sont confrontés…

Inévitablement, apparaît du sable dans l'engrenage ; mais le temps est plus fort que tout et finit par arranger les choses…

LUTTE ET FLÛTE

Mes amis et moi avons une passion commune pour la lutte. Nous allions les lundis soir assister au gala, et nous avions de bonnes relations avec la plupart des lutteurs de l'époque, dont Mad Dog Vachon. Un de ces lundis soir, nous lui avons joué un tour qui a failli mal tourner pour moi.

Pendant qu'un combat avait lieu dans l'arène, je me suis rendu auprès de Mad Dog Vachon, dans le vestiaire, pour lui parler. Ce soir-là, j'avais apporté ma fameuse flûte truquée et, après consultation auprès de Réjean Bergeron, de la brasserie O'Keefe, nous avions jugé qu'il serait hilarant si nous parvenions à convaincre Mad Dog de souffler dedans. Ce qui fut fait.

Mais le résultat escompté — l'hilarité — n'a pas été au rendez-vous... Pas du tout ! Le visage blanchi de farine, Mad Dog est entré dans une colère noire et s'est mis à me poursuivre autour de l'arène en me promettant qu'il allait me tuer s'il m'attrapait !

Le public a aussitôt été distrait par cette scène loufoque frisant l'absurde. Même les deux lutteurs qui se livraient bataille dans le ring se sont arrêtés pour regarder la poursuite ! J'ai réussi à échapper à Mad Dog en me faufilant jusqu'à l'entrée principale et je crois bien avoir couru pendant un bon kilomètre à l'extérieur avant de m'arrêter.

Je venais d'avoir la chienne de ma vie...

Incontournables

CÉLINE ET RENÉ

Tout au long de ma vie, j'ai rencontré des célébrités. Des sportifs, évidemment, mais aussi un grand nombre d'artistes. Certains sont devenus des amis.

Céline Dion et René Angélil occupent une place particulière dans ma vie et dans mon cœur. J'ai rencontré René il y a 50 ans, alors qu'il était un des Baronets, ce trio de chanteurs qui faisait un malheur. Les Baronets étaient parmi les premières mégastars de la musique populaire des années 1960.

René a toujours aimé le sport. Il jouait dans des ligues de baseball aux parcs Laurier et Jarry, là où les Expos ont fait leurs débuts en 1969. J'allais souvent assister à ces matchs. J'avais l'habitude de jouer au hockey avec des artistes, et René se joignait souvent à nous. Cet amour commun du sport nous a rapidement rapprochés. À cette époque, les Baronets vivaient leurs dernières années et, même si la fin approchait, ils montaient toujours sur scène avec beaucoup d'enthousiasme. J'ai assisté plusieurs fois à leurs prestations. Plus que souvent : très souvent. Je le confesse, j'étais un *fan*. En 1972, quand les Baronets ont tracé un trait définitif sur leur carrière, René s'est tourné vers la gérance d'artistes.

J'ai rencontré Céline une première fois en 1981, sur le plateau de l'émission de Michel Jasmin. J'y avais été invité quelques fois pour parler baseball, un sport prisé par Jasmin, qui était fasciné par le sport professionnel. Nous avions une belle complicité quand nous nous retrouvions ensemble sur un plateau. Ce soir-là, le gérant des Expos, Dick Williams, était parmi les invités. Et j'ai chanté pour la première fois en public la seule et unique chanson que je connais : *My Way.* Le Frank Sinatra des Loisirs Saint-Eusèbe.

Puis Céline a chanté. Tout de suite après sa mémorable pres tation, René m'a demandé ce que j'en avais pensé. Comme tout le monde, j'avais été assommé par cette voix. Je l'avais trouvée renversante, irréelle. Alors René m'a dit très sérieusement, sur un ton affirmé, d'une voix convaincue :

— Tu verras, Rodger, cette petite-là sera un jour la plus grande chanteuse au monde.

J'ai souri et lui ai répondu :

— Calme-toi, mon René.

Mais il a insisté :

— La meilleure au monde, je te le dis.

Quelques mois plus tard, par amitié, j'ai invité Céline à chan ter les hymnes nationaux au Stade olympique. C'était pendant la seule série de fin de saison de l'histoire des Expos, contre les Dodgers de Los Angeles. J'étais surpris de la voir si calme avant de s'exécuter. Était-ce un masque ? Si oui, elle le portait à mer veille. Rien ne la perturbait. Rien ne troublait sa concentration. De tout son être émanait une confiance tranquille. C'était stupéfiant.

Le Stade était plein et le match, télévisé. Comme d'habitude quand vient le temps des hymnes nationaux, le silence régnait. J'ai peut-être imaginé tout ça, mais une émotion supplémentaire s'est répandue dans le public pendant qu'elle chantait. Comme si 50 000 personnes sentaient qu'elles assistaient à un moment charnière de l'histoire du Québec. Par la suite, la toute jeune Céline a rencontré Tommy Lasorda, mon ancien mentor, ainsi que le grand Maurice Richard. Pendant de nombreuses années, c'est elle qui a chanté les hymnes nationaux des matchs d'ouver ture des Expos.

En 1997, dans la biographie que lui a consacrée Georges-Hébert Germain, Céline avait eu la gentillesse de me remercier de lui avoir donné cette chance. Encore aujourd'hui, je trouve émouvant de penser qu'elle a eu cette attention à mon égard. Qui plus est, dans le cadre d'une de ses séries de spectacles présentés à Las Vegas, il y avait un segment vidéo où elle portait un uniforme des Expos.

Rouyn-Noranda avec Céline et René

Au fil des années, Céline, René et moi avons développé une belle amitié. Ce sont de bonnes personnes, des personnes gentilles. Malgré les immenses succès qu'a connus Céline, ni elle ni René n'ont perdu leur simplicité. Ils ont su, sans doute grâce à l'amour qu'ils se portent mutuellement, garder les pieds sur terre, demeurer authentiques et simples.

Fin des années 1980, je me trouvais à Rouyn-Noranda, avec la Caravane des Expos qui sillonnait le Québec. Il faisait excessivement froid. À l'extérieur, c'était un véritable désert de glace. J'avais l'impression que la ville s'était vidée de tous ses habitants. Le seul lieu qui était demeuré ouvert, c'était la salle de spectacle. On m'a alors appris que Céline s'y produisait ce soir-là. J'ai pris mon courage à deux mains et ai décidé d'affronter le terrible blizzard qui s'était abattu sur la ville, pour me rendre au concert. J'aurais volontiers pris un taxi, mais il n'y en avait pas. Le trajet vers la salle de spectacle était d'environ un kilomètre, un kilomètre qui en valait cent par ce froid.

En entrant dans le hall, j'ai tenté de retrouver mes esprits et, surtout, une certaine chaleur corporelle. Complètement transi, j'ai aperçu un préposé et lui ai dit que je voulais acheter un billet pour le concert. À mon grand désarroi, le spectacle affichait complet. Il ne restait plus un fauteuil libre. Tout ce froid pour me buter à la porte d'une salle comble? Je lui ai demandé si René Angélil était présent. Il était bien là. Mais le spectacle allait débuter et il ne souhaitait pas le déranger. Après un peu d'insistance, il a tout de même accepté d'aller en coulisses pour le prévenir que j'étais présent. René est apparu moins de deux minutes plus tard et m'a demandé avec un large sourire ce que je pouvais bien faire là, à Rouyn-Noranda, par une soirée aussi glaciale. Je lui ai répondu que, puisque je n'avais rien à faire à Montréal, j'avais décidé de prendre la voiture et de venir assister au spectacle. Il a rigolé et m'a invité *backstage*.

Ce que j'ai toujours apprécié de Céline, c'est que parfois dans ses concerts, elle prenait quelques minutes pour me présenter et me remercier. En plus, pendant de nombreuses années, elle prenait le temps d'appeler ma mère, Hazel, le jour de son anniversaire. Un cœur d'or.

Ce n'est un secret pour personne : le succès planétaire et sans précédent de Céline Dion aura permis au couple de vivre aisément. C'est un euphémisme. Mais la fortune, si impressionnante soit-elle, n'a jamais changé la nature profonde de René Angélil. Pour lui, l'amitié, la fidélité, la camaraderie sont des valeurs sacrées et profondément ancrées. René Angélil était généreux quand il n'avait que 20 $ en poche, il l'est demeuré tout autant quand son statut s'est multiplié par mille et plus. Son compte en banque n'a aucune influence sur qui il est. C'est le même gars qu'avant, avec plus de moyens, c'est tout. Des exemples, j'en ai plein. Passons par une passion commune : le golf. Avec lui et surtout grâce à lui, nous avons vécu des voyages de golf à faire rêver.

Tout au long de ma vie, je n'ai jamais oublié d'où venait le petit gars de la rue Hogan. Je n'ai jamais oublié mes origines modestes. Je les ai toujours gardées à l'esprit. Hazel Johnson et mon père m'ont montré à apprécier chaque faveur que pouvait m'offrir la vie. Imaginez quand René faisait affréter un jet privé pour nous emmener en Floride, Michel Bergeron, Jacques Côté, Gerry Frappier, Marc Verreault et d'autres amis, pour nous retrouver sur un majestueux terrain de golf ! J'avais toujours la gorge nouée par l'émotion. Il nous a invités partout aux États-Unis pour jouer sur les terrains de golf les plus magnifiques qui soient. Des allées grandioses, des terrains plus beaux que le jardin d'Eden. Je me pinçais pour m'assurer que je ne rêvais pas. Si je rêvais, je ne voulais pas me réveiller. Mais tout était bien réel.

Chaque fois que nous proposions de payer notre part, il avait la même réponse :

— Si vous payez, c'est la dernière fois que vous venez.

Après le golf, une douche et un bon repas, René et mes amis jouaient aux cartes jusqu'à trois heures du matin. Quant à moi, je les observais et je discutais avec eux quand la situation n'était pas trop tendue par les enchères qui augmentaient. Je ne m'intéresse pas aux jeux de pari, mais reste qu'ils étaient amusants à regarder et à écouter.

Au cours d'un de nos voyages à Las Vegas, René m'a un jour proposé une petite sortie pour le lendemain. Tôt le matin, il est venu me chercher à l'hôtel avec son fils René-Charles. À mon grand plaisir, nous sommes allés voir le jeune jouer au baseball. Assis dans les estrades, comme tous les pères du monde, René a sorti sa caméra et a filmé son fils. Dommage qu'il n'ait pas continué à jouer, René-Charles ; il aurait eu des chances de percer dans le baseball professionnel. Parole d'un ancien éclaireur.

Mais, c'est peut-être au golf qu'il va réussir. Je me souviens encore de cette fois où René a fait équipe avec son fils pour nous affronter, Michel Bergeron et moi, au club de golf Le Mirage de Terrebonne. Ils nous ont infligé une mémorable raclée, et René-Charles a joué 78 (malgré le fait qu'il ait perdu une balle à l'eau !). Il avait 14 ans. S'il poursuit sur une telle lancée, je ne serais pas étonné de le retrouver plus tard dans la PGA…

La magie *Titanic*

Au milieu des années 1990, René a loué un immense yacht pour célébrer l'anniversaire de Céline au large des côtes de la Floride. Il m'avait demandé d'animer la soirée et j'ai accepté immédiatement.

Le parcours sur les flots était féerique. Les organisateurs de la fête avaient embauché un guitariste et trois percussionnistes pour mettre de l'ambiance pendant le repas. Et après les libations, nous nous sommes joints à eux pour y aller de ritournelles. J'ai demandé à Céline de venir chanter au micro. Elle s'est approchée des musiciens, a pris le micro et a invité Garou, présent pour l'occasion, à se joindre à elle... ainsi que moi-même. Non mais, imaginez la scène : Garou, Céline et Rodger Brulotte, le petit gars des Loisirs Saint-Eusèbe, en train de chanter ! Un moment inoubliable. Disons que ma voix se faisait enterrer par celles de mes deux compagnons... Qu'à cela ne tienne, j'ai fait de mon mieux. L'expérience a duré plus d'une heure, avec pour paysage l'immensité des eaux.

Avant de nous lancer auprès des musiciens, Céline avait cependant posé une condition à laquelle nous n'avions pas le droit de déroger : elle ne voulait pas chanter ses chansons. Nous avons donc interprété des succès de Clearance Clearwater Revival, U2, Barbra Streisand, etc.

Au terme de la soirée, nous avons entrepris de remonter le canal du port d'East Palm Beach. Tout était calme. De nombreux bateaux s'y trouvaient, mais seul le clapotis de l'eau contre la coque de notre yacht venait briser le silence. C'est à ce moment que René a décidé de demander quelque chose à Céline. Elle avait été gâtée par cette soirée d'anniversaire, et il voulait qu'elle nous gâte à son tour. Il souhaitait qu'elle se place à l'avant du bateau et qu'elle nous interprète *a capella* la chanson du film *Titanic*.

Nous sommes entrés dans le port avec sa voix qui traversait la nuit. Vous auriez dû voir la tête des gens sur les autres bateaux : ils étaient sidérés ! J'en ai vu qui se frottaient les yeux pour s'assurer qu'ils ne rêvaient pas. Grâce à elle, en ce moment mémorable, nous nous sentions comme les rois du monde...

Le clou de cette soirée fut ce moment où, pour la première et seule fois, René et Céline ont chanté en duo la merveilleuse chanson *Unforgettable* de Nat King Cole. J'en ai encore des frissons.

Le spag de Céline

Je suis capricieux. Quand vient le temps de passer à table, il y a deux choses que je ne mange jamais : des légumes verts et des mets épicés. Or un soir, après un bel après-midi de golf, j'étais invité à souper chez Céline et René en Floride, avec René Noël, directeur du club de golf Le Mirage et bras droit de René. Nous nous sommes mis à table avec enthousiasme. Le golf nous avait creusé l'appétit et nous salivions en attendant le repas, préparé par le chef Alain Sylvestre, le beau-frère de René.

Quand l'entrée nous a été présentée, par contre, j'ai déchanté : on venait de nous servir une soupe de maïs épicée. Comme elle voyait que tout de suite après ma première bouchée, je ne touchais plus à ma soupe, Céline m'a demandé ce qui n'allait pas. Je lui ai avoué que je n'aimais pas les plats épicés. Elle a demandé au chef de me préparer une soupe de tomates. Puis, on m'a proposé un verre de vin. Pas n'importe quel vin, je l'ai bien compris aux commentaires de René qui présentait la bouteille aux invités. C'était un grand cru dont tout le monde allait se régaler. Sauf que… je ne bois jamais d'alcool. Je n'en ai jamais bu une seule goutte de ma vie. Par Dieu sait quel miracle, le chef a réussi à dénicher, quelque part dans sa cuisine, une canette de bon vieux « crème soda » !

Arrive le plat principal : un bouilli de légumes ! Je commençais à me trouver assez désagréable, avec mes refus obstinés de manger ce qui m'était servi. Céline a senti que quelque chose clochait à nouveau, puisque je chipotais dans mon assiette sans pour autant porter ma fourchette à ma bouche.

— Bon, voilà autre chose ! Tu ne manges pas de légumes non plus ? T'es donc ben difficile !

Je voyais bien qu'elle n'était pas offusquée, puisqu'elle avait prononcé ces mots en éclatant de rire. J'étais tout de même gêné, et je n'ai pas su quoi lui répondre. Céline a rappelé une fois de plus le chef et lui a demandé s'il pouvait me préparer autre chose, sans légumes. Quelques minutes plus tard, je me suis retrouvé devant une assiette de spaghettis, sauce à la viande. Inutile de vous dire que j'étais dans mes petits souliers... mais tout s'était passé avec tellement de gentillesse que j'ai retrouvé mes esprits sans trop d'efforts.

L'anecdote a pris toute sa drôlerie l'année suivante. Après un autre après-midi de golf avec René, je me suis à nouveau retrouvé assis à leur table pour souper. Cette fois, le chef avait préparé un osso bucco. Pâtes, jarret de veau avec sauce tomate aux effluves d'orange. J'étais heureux et je me frottais les mains d'impatience à l'idée de déguster ce mets. Je me suis demandé si Céline ne s'était pas assurée auprès du chef, son beau-frère, qu'aucun plat épicé ou comportant des légumes ne me soit servi. Elle connaissait mes réticences.

Quand les assiettes sont arrivées sur la table, tout le monde a accueilli son plat d'osso bucco. Sauf que... Rodger Brulotte n'avait pas d'osso bucco. On m'a servi un plat de... spaghettis, sauce à la viande! J'ai dit à Céline qu'elle n'aurait pas dû faire d'exception pour moi, que j'aurais mangé cet osso bucco avec plaisir. Elle m'a regardé en rigolant et m'a lancé:

— Pas de légumes la dernière fois, pas d'osso bucco cette fois-ci!

MARC VERREAULT

Marc Verreault est un des plus grands amis de René Angélil, avec Pierre Lacroix. Il était le gérant des Baronets à l'époque, et René et lui sont restés très liés. Marc est un grand amateur de sport, surtout de baseball, de golf et de hockey. C'est lui qui a fondé, il y a 40 ans, les Anciens Canadiens de Montréal, qui organisent de nombreux événements bénéfices.

Marc est un être à part. D'abord, son apparence est parfaitement soignée; ses chemises et ses complets ont toujours l'air de sortir de chez le nettoyeur. Ses cheveux sont coiffés à la perfection, en tout temps. C'est un homme d'une grande classe, de cette classe que nous voudrions tous avoir. Seul le regretté Jean-Pierre Roy, ancien lanceur des *Royaux* et commentateur des matchs de baseball, pouvait rivaliser en élégance avec lui.

Par ailleurs, Marc a toujours été là pour moi. Chaque fois que j'ai eu besoin d'un conseil, il répondait présent. Qu'il s'agisse de sport, de ma profession ou de ma vie personnelle, il avait toujours le bon mot pour me requinquer, le bon conseil à m'offrir. Marc n'est pourtant pas très bavard, au contraire : il sait économiser ses mots et réserve ses paroles pour qu'elles aient du sens. Elles sont soigneusement soupesées et réfléchies et vous arrivent comme un coup de masse, mais avec souplesse et raffinement.

Encore aujourd'hui, chaque fois qu'un ami a besoin d'aide, Marc est disponible. Seul problème : moi, comme beaucoup d'autres, oublions parfois de l'écouter ! Et nous le regrettons souvent par la suite...

TI-GUY ÉMOND

Je suis de ceux qui ont bénéficié de la générosité de Ti-Guy Émond. S'il n'avait pas été là, avec Toto Gingras et Jacques Beauchamp, je serais encore représentant pour l'Imperial Mops and Brooms.

Alors qu'il était le chroniqueur le plus lu du *Journal de Montréal*, Ti-Guy n'a jamais raté une occasion d'écrire un petit paragraphe à mon sujet, de publier ma photo, si bien que grâce à lui je suis devenu quelqu'un de connu, au moins de la communauté sportive.

Combien de très grands athlètes sont encore reconnaissants envers lui ! Serge Savard, Guy Lapointe, Pierre Bouchard et la grande équipe du Canadien junior de la fin des années 1960. Il a mis sur la mappe des dizaines, voire des centaines d'organisateurs, de bénévoles, des anciens qu'il rappelait à notre mémoire, des entraîneurs, des athlètes. Il a gardé le sport de la balle molle bien vivant, étant lui-même un excellent lanceur. Il été un porte-parole essentiel de la boxe locale. Un personnage unique dans le grand livre des journalistes de sport au Québec.

RON PICHÉ

Ron Piché est le grand oublié. Un homme aussi bon que discret, qui n'a jamais cherché le *spotlight*, qui a toujours préféré l'ombre à la lumière et qui a néanmoins été un membre important de l'équipe des Expos.

Il a occupé plusieurs fonctions et ne disait jamais non à rien. Toujours là pour représenter dignement l'équipe, il a été pendant 30 ans le lanceur d'exercice au bâton du club. C'est le seul qui ait affronté toutes les vedettes des Expos, de toutes les époques. Sa grande joie était de revêtir l'uniforme et de se présenter sur le terrain. Il ne faut pas oublier qu'il fut un des rares Québécois à faire carrière dans les ligues majeures, comme releveur avec les Braves et les Cards !

Décédé des suites d'une longue maladie, il s'est inscrit dans ma mémoire comme une des personnes les plus attachantes qu'il m'ait été donné de connaître. Il aura beau avoir été plus que discret, effacé ; dans mes souvenirs, il brillera toujours.

JEAN-PIERRE ROY

Vers la fin des années 1940, il y avait deux étoiles dans l'univers du sport montréalais et québécois. L'étoile de l'hiver était un dénommé Maurice Richard. Et quand le hockey, l'été venu, cédait la place au baseball, l'étoile la plus brillante du firmament sportif d'ici s'appelait Jean-Pierre Roy. Mon père, d'ailleurs, me parlait continuellement de lui.

La première fois que nos chemins se sont croisés, au tout début de l'aventure des Expos, je connaissais sa réputation et sa renommée. Comme premier analyste radio-télé de l'équipe, monsieur Roy nous a ouvert toutes les portes. Pour les avoir rencontrés pendant sa longue carrière de lanceur, il connaissait les gérants, les joueurs vétérans, les arbitres, et il nous les présentait tous. Ses connaissances et ses contacts étaient sans fin.

Une autre particularité de la personnalité de Jean-Pierre Roy n'a rien à voir avec le sport proprement dit : sa tenue vestimentaire. Si un seul homme célèbre, d'ici ou d'ailleurs, qu'il soit politicien, artiste, diplomate, homme d'affaires, athlète, sait mieux s'habiller que Jean-Pierre Roy, je voudrais bien connaître son nom. Monsieur Roy était une carte de mode sans pareil. Toujours tiré à quatre (et même à cinq) épingles. Des couleurs spectaculaires, mais toujours parfaitement coordonnées. Des souliers et chaussettes en passant par le pantalon, jusqu'à la chemise, au chandail, au veston. Je n'ai jamais vu un homme si bien habillé que Jean-Pierre Roy.

Il est aussi le créateur de la première expression signalant un coup de circuit, dans les médias d'ici. Si j'ai créé le « Bonsoir, elle est partiiiiie ! », le « Adiosss ! » est signé Jean-Pierre Roy.

CLAUDE RAYMOND

Si l'idole de mon père au baseball était Jean-Pierre Roy, mon idole à moi était un gars de Saint-Jean-sur-Richelieu, Claude Raymond. Je me souviens de l'avoir vu lancer à la télévision de Radio-Canada, le samedi après-midi. Je cherchais tous les articles de journaux qui parlaient de lui, les photos, les reportages, en anglais ou en français. Un gars de chez nous qui défiait les meilleurs joueurs au monde, qui affrontait les Mays, Mantle, Aaron, Killebrew, Banks et les autres ! Un gars de chez nous qui, derrière ses allures d'intellectuel, était un véritable bulldog.

Sa première apparition au parc Jarry, dans l'uniforme des Braves, est un moment marquant pour le petit gars des Loisirs Saint-Eusèbe. L'écho des paroles de Claude Mouton, alors annonceur maison, résonnera toujours dans ma tête : « Lançant maintenant pour les Braves d'Atlanta : de Saint-Jean, Québec, le numéro 36, Claude Raymond. » J'en frissonne encore.

Par la suite, quand il est arrivé avec les Expos, je l'ai beaucoup côtoyé, et il m'a aidé de plein de façons. Il me présentait tous les vétérans des équipes adverses, me renseignait sur ce qui se passait entre les oreilles des joueurs dans telle ou telle situation. M'a montré de quelle façon approcher un joueur sans se faire virer de bord. Les lois de la communication entre journalistes et officiels, entre journalistes et joueurs, je les ai apprises avec lui.

Une pièce majeure dans l'édifice de ma vie.

SERGE TOUCHETTE

Vous avez tous lu des histoires, ou vous avez vu des films au cinéma, où la guerre éclate et des voisins, des amis ou même des frères se retrouvent, par la force des choses, face à face, l'un contre l'autre, chacun de son côté de la barricade. C'est un classique. C'est ce qui s'est passé entre Touche et moi. J'inclurais aussi mes amis Mario Brisebois et André Rousseau, avec qui mes relations se sont malheureusement beaucoup détériorées pendant et après le conflit au *Journal de Montréal*. Ce conflit, aucun d'entre nous ne l'avait souhaité… Nous en avons été des victimes collatérales.

Serge Touchette a été, selon moi, le meilleur journaliste au quotidien de l'histoire des Expos. Le meilleur « gars de *beat* », comme on les appelle. Les joueurs et instructeurs l'aimaient parce qu'il était franc, direct et toujours juste. La vie privée des joueurs, il n'y touchait pas, à moins qu'elle ait une incidence directe sur leurs performances sur le terrain. Pourtant, s'il l'avait voulu, il aurait pu en écrire, des choses… Il était au courant de tout. Mais il avait le discernement nécessaire pour faire la part des choses. En plus, il avait sa façon d'écrire, unique, sans artifices, naturelle. On aurait juré qu'il parlait directement à ses lecteurs et lectrices. Un grand talent.

Serge a été comme un frère pour moi pendant de nombreuses années. Je pense qu'il n'est pas exagéré d'affirmer que le grand m'a appelé au moins cinq jours par semaine pendant plus de 20 ans. À 7 h 15, 7 h 30…

— Hey, Roddy, je te réveille?

— Non, Touche, j'étais en train de pelleter. Non, non, Touche, je faisais mon jogging. Non, non, Touche, j'étais en train de faire une lasagne. Non, non, Touche, je me frisais le poil des jambes.

Une boutade, toujours. Il savait qu'il me tirait du sommeil. Mais c'était toujours un réveil plus joyeux que le chant du coq ou du radio-réveil. Nous avons tellement ri ensemble, avons pratiqué tous les sports, avons discuté de tout et de rien, nous nous sommes confiés l'un à l'autre, comme le font les amis.

Depuis, quand nous nous rencontrons, ce n'est pas la guerre ni les bouderies, mais ce n'est plus comme ce fut. Le coup de téléphone matinal n'y est plus. Je m'en ennuie, je mentirais si je disais le contraire.

LES FRÈRES RICHARD

La vie m'a béni. Si un jour vous entendez Rodger Brulotte se plaindre de ceci et de cela, ne vous gênez pas pour le rappeler à l'ordre.

Maurice et Henri Richard ont été, chacun leur tour et chacun à leur façon, des figures marquantes de l'histoire sportive de chez nous. Je vous passe les détails, vous les connaissez aussi bien que moi. Les deux frères ont toujours été très aimables avec moi, très gentils. C'étaient des hommes de peu de mots, des gens discrets, qui avaient tous les deux, en particulier Henri, un silence très éloquent.

Chaque fois que je le voyais, Henri ne manquait jamais de me rappeler à la blague qu'il était plus grand que moi.

Maurice m'appelait « Roger », juste pour m'agacer. Je le voyais bien à son sourire en coin.

Nous avons joué au tennis, au golf, nous avons discuté de mille choses, sauf de hockey. Ce n'était pas leur sujet favori, loin de là. J'ai joué au hockey dans la Ligue des As pendant cinq ans, et notre arbitre était Maurice Richard. Avant les matchs, pendant la période d'échauffement, il prenait un bâton et nous faisait des passes, ou il effectuait des lancers sur les gardiens. Il me disait :

— Roger, on vise les poteaux, ok ?

Il en attrapait neuf sur dix. Dans mes bonnes soirées, j'en attrapais un.

Je réalisais pleinement, dans ces courts moments, que je m'amusais avec le plus grand joueur de hockey de notre histoire. Et ce n'est pas arrivé qu'une fois, c'est arrivé 100 fois. Quand je dis que la vie m'a béni, c'est de ça que je parle.

Le Rocket a joué dans notre société québécoise un rôle similaire à celui de Jackie Robinson aux États-Unis. Grâce à lui, des tabous sont tombés. Il nous a décoincés, un peu comme Robinson a su donner de la fierté aux Afro-Américains.

Je n'ai pas beaucoup de photos souvenirs à la maison. Mais il y en a une dont je suis fier. Je l'appelle « le trio du siècle ». Sur la glace, Maurice Richard portant l'uniforme d'arbitre, Gordie Howe et un quidam des Loisirs Saint-Eusèbe vêtus en uniformes de joueurs – je crois qu'il s'appelle Rodger Brulotte, ou quelque chose du genre…

JACQUES DEMERS

Jacques Demers est un ami de longue date. Peu de gens le savent, mais j'ai autrefois recommandé sa candidature au Canadien, afin qu'il devienne entraîneur du Canadien junior. J'ai fait la même chose avec un autre de mes amis : Michel Bergeron. Par deux fois, le Canadien a levé le nez sur mes recommandations !

On dit de Jacques Demers qu'il était un excellent motivateur. Je peux en témoigner. Un jour que je me trouvais à Québec, j'ai décidé de me rendre au Colisée. Avant le match, je discutais avec

Jean-Claude Tremblay et quelques joueurs des Nordiques, dans le vestiaire. Qui ai-je vu entrer alors? Jacques Demers, prêt à livrer son discours d'avant-match. Il a levé la tête deux minutes après avoir commencé à *booster* ses joueurs et m'a aperçu dans un coin. C'est alors que Jean-Claude Tremblay a lancé à l'entraîneur:

— *Coach*, Rodger est ben assis, continue.

Jacques l'a regardé quelques secondes, a souri et a quitté la chambre.

Fans et politiciens

J'ai toujours aimé m'entretenir avec les politiciens. Ils sont nombreux à être de vrais amateurs de baseball. Je suis chaque fois ravi de constater à quel point le baseball séduit, et exerce une fascination sur des gens de toutes les tranches d'âge et à tous les degrés de l'échelle sociale.

Avant d'entamer mes souvenirs liés aux hommes et femmes politiques qui m'ont marqué, cependant, permettez que je fasse une parenthèse pour vous expliquer d'où vient mon prénom. C'est ma mère, une vraie Anglaise née à Liverpool en Angleterre (comme les Beatles), qui a voulu qu'un « d » apparaisse entre le « o » et le « g » de mon prénom, que je sois « Rodger » et non Roger. Bien des gens ont pensé que c'était une fantaisie de ma part, mais pas du tout. Ce « d » est là pour souligner mes racines maternelles. De toute ma vie, seulement trois personnes m'ont toujours appelé « Roger » sans que je les reprenne : Maurice Richard, René Lévesque et Roger D. Landry. Un autre aussi m'appelle encore comme ça, dans le seul but de me taquiner : un certain gardien de but nommé Patrick Roy… Les autres, qui commettaient toujours l'erreur de bonne foi, je les reprenais poliment et prenais le temps de leur raconter l'histoire de mon prénom.

J'ai toujours été, et je le suis encore, un ardent défenseur de la langue française. Je suis né bilingue, vous comprenez bien pourquoi, mais j'ai toujours été fier de ma langue. De la langue des miens. Ma mère ne s'en est jamais offusquée, loin de là.

Je manie bien la langue en général, mais, comme tout le monde, je me suis parfois placé dans des situations où j'ai eu l'air un peu fou... Un jour, j'assistais aux funérailles d'un de mes amis. En allant présenter mes condoléances à sa femme, je lui ai demandé comment était survenu le décès ; je l'ignorais. Elle m'a répondu, un peu gênée, qu'il était mort durant un coït. Par réflexe, j'ai demandé :

— Est-ce qu'il a souffert ?

Vraiment pas fort, le Brulotte...

La politique, ça peut vite devenir un sujet épineux. Personne n'a jamais su pour qui je votais. Personne ne le saura jamais. J'ai été très près d'hommes et de femmes de tous les partis, au fédéral, comme au provincial et au municipal. Tout ce temps, encore aujourd'hui, j'ai gardé pour moi ce qui se passait dans les différents bureaux de scrutin. « La politique, me disait ma mère, la grande Hazel Johnson, ce n'est pas pour toi. Reste à l'écart. » Elle avait raison. D'ailleurs, comme j'ai un sens inné des relations humaines et que j'aime entrer en contact direct avec les gens, j'ai reçu des offres de tous les partis politiques. À tous les niveaux. Rouges, bleus, verts, oranges, noirs ou blancs, pour Ottawa, pour Québec ou pour Montréal. Toutes ces discussions s'éteignaient en moins de 30 secondes.

— Merci, mais non merci.

LÉVESQUE ET CHARRON

J'ai rencontré René Lévesque à l'époque où Pierre Péladeau lui avait demandé de signer une chronique dans *Le journal de Montréal*. Comme j'étais un habitué des corridors et de la salle de rédaction du quotidien de la rue Port-Royal, je le croisais fréquemment. C'était toujours la même scène. Il était penché sur son bureau à écrire sa chronique, et en passant derrière lui, je le saluais :

— Bonjour, monsieur Lévesque.

— Ah. Bonjour, Roger.

— Vous savez, monsieur Lévesque, ma mère est une Anglaise, de Liverpool…

— C'est un très bon point, Roger…

Il a dû cesser d'écrire sa chronique pour la bonne raison qu'il a été élu premier ministre du Québec. Mais même par la suite, il m'a toujours reconnu et salué. René Lévesque était un vrai. Pas prétentieux pour deux sous.

J'étais avec lui trois jours avant sa mort. C'était au lancement du livre d'un de ses plus fidèles lieutenants, Claude Charron. Le même Claude Charron avec qui j'ai fait de multiples voyages de baseball. Le même Claude Charron qui a toujours été aux premières lignes pour aider les jeunes du quartier. On lui demandait de l'aide pour trouver des sous pour acheter balles et bâtons, et on ne le lui demandait pas deux fois ; il acceptait avec joie.

PIERRE ELLIOTT TRUDEAU

Monsieur Trudeau, dont le père avait été un des propriétaires des Royaux de Montréal, aimait beaucoup le baseball. Cet homme était, comme vous vous en doutez, un intellectuel, et je me demandais bien quel intérêt il avait à jaser avec Rodger Brulotte, des Loisirs Saint-Eusèbe… Eh bien, son intérêt, c'était le baseball.

JEAN DRAPEAU

Un gars de Rosemont, un des meilleurs amis de mon oncle et parrain, Gérard Martineau. Oncle Gérard me l'a présenté avant même qu'il ne devienne maire de la ville de Montréal.

Jean Drapeau était un brillant avocat. Quand il est devenu maire, je profitais du fait que je le connaissais pour l'inviter à nos soirées de remise de prix, aux Loisirs Saint-Eusèbe, et il se faisait un devoir et une joie d'y assister. Par la suite, quand je suis devenu membre de l'organisation des Expos, il se souvenait du ti-cul des Loisirs Saint-Eusèbe et m'a toujours accueilli à bras ouverts.

Sans le savoir, il m'a donné une grande leçon. Il m'avait dit un jour, je me souviens : « Monsieur Brulotte, aussi longtemps que vous avez une mémoire, ne la gaspillez pas et évitez d'être rancunier… » Inoubliable.

J'étais si à l'aise avec lui que je l'ai confronté quelques fois au sujet du Stade olympique, dont la construction en était encore à l'étape de la planification. J'étais en désaccord avec sa situation géographique et avec son design. Et j'avais le culot, poliment, de le lui faire savoir. L'angle des estrades, la grande distance entre les spectateurs, l'action et les joueurs, la conception du stationnement…

— Imaginez qu'il y ait un feu dans le stationnement, les camions de pompiers ne pourront jamais s'y rendre. Vous faites quoi ? Et les bureaux sont au même niveau que le garage. C'est là qu'on travaille.

Je n'étais pas d'accord non plus avec le nom de la future équipe qui y logerait. Quoique dans ce cas, je n'étais pas dans le portrait et je n'ai jamais pu faire valoir « officiellement » mon point de vue. Messieurs Drapeau et Bronfman ont choisi le nom « Expos » pour assurer la pérennité d'Expo 67, l'événement d'envergure ayant mis Montréal de l'avant sur la scène internationale, deux ans avant l'arrivée du baseball majeur.

Quant à moi, et je sais que je n'étais pas le seul, j'aurais sans hésiter opté pour reprendre, pour cette équipe de baseball professionnelle, le nom des « Royaux ». Les Royaux représentait 50 ans de baseball à Montréal. Ce nom évoquait ceux de Jackie Robinson, de Duke Snyder, de Roy Campanella, de Don Drysdale et d'une parade d'autres. Combien de joueurs, membres du Temple de la renommée, ont joué avec ou contre les Royaux ?

On aurait pu, dès la première année, retirer le fameux 42 de Robinson, on aurait pu ériger un musée sur l'histoire des Royaux, honorer tous les francophones ayant porté leurs couleurs. Me semble que ça aurait été naturel…

Et l'équipe de Kansas City, arrivée en même temps, aurait été forcée de se trouver un autre nom ; les arguments montréalais auraient été trop forts. Ils auraient pu s'appeler les Monarchs, le nom qui a toujours été accolé à cette ville du temps des Negroe Leagues. Ça aurait eu le mérite d'honorer tout un pan d'histoire oublié, mais non moins important, du baseball professionnel. Et en prime, les anciens Monarchs ont probablement été la plus glorieuse de toutes les équipes de cette grande époque… Bref, tout le monde aurait été gagnant.

Des fois, je me dis qu'ils auraient dû me nommer commissaire du baseball à 19 ans. Tant pis pour eux.

BRIAN MULRONEY

J'ai connu Brian Mulroney bien avant qu'il ne devienne premier ministre, du temps qu'il était avocat pour Québecor, puis, en 1976, quand il s'est présenté à la cheffrie du Parti conservateur et qu'il a été battu par Joe Clark. Monsieur Mulroney était un amateur de baseball et il venait à l'occasion encourager les Expos.

Au milieu des années 1980, alors qu'il était premier ministre à Ottawa, je l'ai aperçu dans la première rangée. « Pourquoi pas une bonne entrevue après-match ? » me suis-je dit. Je me suis rendu sous les gradins, par où monsieur Mulroney devait sortir. Il était accompagné, comme il se doit, de son entourage : gardes du corps, attaché de presse et le reste. Je savais qu'on n'a pas accès à un premier ministre facilement. J'ai joué les innocents et je me suis dirigé vers lui. Son attaché de presse, un type expérimenté, m'a poliment et fermement bloqué l'accès.

— Vous ne pouvez pas aller là, monsieur.

— Je veux juste faire une courte entrevue baseball avec monsieur Mulroney. Rodger Brulotte, des Expos de Montréal.

— Ce sera pour une autre fois, le premier ministre a un agenda serré et doit partir tout de suite. Désolé.

J'ai insisté. Exaspéré, l'attaché de presse m'a fait une offre :

— Vous restez à côté de moi et quand le premier ministre sortira, nous aviserons en fonction de sa réaction.

Il était convaincu que l'entrevue n'aurait jamais lieu. « *Next time maybe*, monsieur Brulotte. » J'ai souri et j'ai accepté d'attendre avec lui. Quelques minutes ont passé et monsieur Mulroney est apparu.

— Rodger ! m'a-t-il lancé en m'apercevant. Qu'est-ce que tu fais ici ?

L'entrevue a eu lieu et a été très agréable. Monsieur Mulroney est un homme très gentil.

Aujourd'hui encore, il arrive que nos chemins se croisent. Nous parlons de baseball, de cinéma et des actualités du jour. Monsieur Mulroney, par ailleurs, a un sens de l'humour redoutable…

JEAN CHRÉTIEN

Début des années 1980. Floride, camp d'entraînement des Expos. Malgré son jeune âge, Jean Chrétien était déjà alors un vieux routier de la politique canadienne – dix-huitième d'une famille de 19 enfants, il a fait son entrée sur la colline parlementaire à l'âge de 29 ans, aux élections de 1963, dans l'équipe de Lester B. Pearson. Il a toujours été un grand amateur de baseball. Ce jour de 1980, il s'est approché de moi et m'a demandé de faire une photo en sa compagnie. Ça a été notre première rencontre.

Chaque fois que nous nous sommes vus par la suite, on parlait de baseball… et de golf, un sport qu'il adore. Pour le pratiquer et le regarder. Il a même déjà joué avec Tiger Woods, dans le cadre de l'Omnium Canadien, sur l'île Bizard, en 2001. Je ne sais plus qui a gagné…

Quand il a annoncé sa retraite de la vie politique, je suis allé à Shawinigan pour ma chronique dans *Le journal de Montréal*. Après ses discours d'usage, monsieur Chrétien m'a surpris par une boutade. Il était en train de discuter avec des amis quand il m'a aperçu. Il a foncé sur moi, a pris ma main et s'est exclamé :

— Ça fait longtemps que je veux dire ça : « Bonsoir, je suis parti ! »

ROBERT BOURASSA

Robert Bourassa était également un grand *fan* de baseball. Je le revois, jeune politicien, dans les estrades du parc Laurier quand il assistait aux matchs du Kiwanis Est junior. Ça me fait drôle de penser qu'il m'a vu jouer au baseball et être entraîneur de baseball !

Plusieurs années plus tard, je décrivais un match des Expos avec Jacques Doucet. À un moment du match, Marquis Grissom avait frappé un retentissant coup de circuit et j'avais hurlé de toutes mes forces mon classique « Bonsoir, elle est partie ! ». Quelques secondes ont passé, nous sommes allés à la pause publicitaire et le téléphone a sonné dans le studio de la galerie de la presse. Stupéfaction : c'était le premier ministre Bourassa ! Sachant que je n'avais que très peu de temps pour parler, il m'a simplement dit :

— Il l'a frappée loin, celle-là ! Pas vrai, monsieur Brulotte ?

Puis il a éclaté de rire. En raccrochant le combiné après cet appel totalement inattendu, je suis resté sans voix…

En 1991, Claude Brochu a tenté de former un consortium pour acheter les Expos de monsieur Charles Bronfman, et il a demandé l'appui du gouvernement québécois. Un midi, je jouais au squash au club sportif du Sanctuaire, sur le mont Royal, et j'ai croisé monsieur Bourassa qui venait de terminer son entraînement.

— Pis, monsieur Bourassa, le dossier des Expos… ça avance ?

Il a mis sa main sur mon bras.

— Vous direz à monsieur Brochu que demain, il va y avoir une belle annonce de la part du gouvernement.

J'ai tout de suite appelé Claude Brochu.

— Claude, c'est fait ! Le gouvernement dit oui.

— Comment tu sais ça, toi ?

— Si je te le dis, tu vas le dire à tout le monde…

Robert Bourassa et moi nous sommes croisés plusieurs fois après cette rencontre imprévue. Nous ne sommes pas devenus de grands amis. Il avait une personnalité réservée, effacée, lorsqu'il se trouvait à l'extérieur de son cercle d'amis proches ou de sa famille. Par contre, quelques années plus tard, lorsqu'il a pris la décision de quitter définitivement la vie politique, on avait organisé une réception pour souligner sa carrière. Les organisateurs avaient communiqué avec moi pour que je lui livre un court message sur vidéo. Vous devinez lequel…

— Bonsooooooiiiir, Monsieur Bourassa, vous êtes parti !

Ça lui avait fait plaisir.

JEAN-CLAUDE MALÉPART

Monsieur Malépart, qui a quitté la terre des hommes à l'automne 1989 des suites d'un cancer, a été une figure inoubliable de mon coin de ville.

Un jour, il s'est pointé chez moi avec une paire de patins. Nous n'étions pas riches, chez les Brulotte. C'était ma première paire neuve.

C'est monsieur Malépart qui m'a expliqué, par des gestes, ce que signifiait le mot « générosité ». C'est lui qui a été l'instigateur de la guignolée dans ma paroisse. Il réunissait un groupe de jeunes et partait avec nous à la quête de vêtements, de jouets ou de nourriture pour ceux qui en avaient besoin. Il a été, bénévolement bien sûr, le responsable des sports aux Loisirs Saint-Anselme, avant de connaître une belle carrière en politique. Et comme j'étais toujours aux Loisirs pour jouer au ping-pong, à la balle, au hockey, etc., nos chemins se sont croisés mille fois. Un grand être humain. Un guide important.

Quelques jours avant que monsieur Malépart ne s'envole, je suis allé le voir à l'hôpital. Je crois que ma visite l'avait touché. Il a dit à sa femme : « N'oublie pas de dire merci à Rodger d'être venu me voir... » Elle n'a pas manqué de me faire le message.

Ma première paire de patins neufs, je ne l'oublierai jamais. Elle porte ses initiales.

PAULINE MAROIS

Tout le monde se souvient du 4 septembre 2012 : Pauline Marois, nouvellement élue première ministre, tient un discours devant ses militants rassemblés au Métropolis de Montréal. Ce soir-là, je suis debout dans la deuxième rangée, très près de la scène.

Au moment de l'attentat, comme tout le monde dans la salle, je n'ai pas compris ce qui se passait. Oui, bien sûr, on entend un son qu'une partie du cerveau identifie comme une potentielle détonation de fusil, mais comme une telle chose est presque impossible, une autre partie du cerveau refuse d'y croire. Je me sentais un peu comme ça pendant le tremblement de terre de San Francisco...

Le discours de madame Marois a été brusquement interrompu. Je salue d'ailleurs le travail des gardes du corps de la première ministre, qui ont tout de suite pris le contrôle de la situation. Ils ont été fermes pour la protéger, sans être brusques ou énervés ; dans de telles situations, on ne veut surtout pas créer davantage de panique.

Madame Marois n'a jamais voulu quitter le Métropolis. Elle a démontré beaucoup de courage et de leadership en remontant sur scène pour inviter l'assistance à sortir calmement de la salle. Encore à ce moment-là, personne ne savait ce qui était arrivé. Lorsqu'elle est elle-même sortie du Métropolis, je lui ai demandé si je pouvais prendre une photo d'elle avec son mari, pour *Le journal de Montréal* ; elle a accepté ! C'est alors que des gens de la sécurité m'ont expliqué ce qui venait de se passer. Je me suis trouvé bête de lui avoir demandé de la prendre en photo à ce moment-là, mais en même temps, je n'avais aucune idée qu'il venait d'y avoir une fusillade! Si je l'avais su, j'aurais été le premier à sortir de là!

JEAN CHAREST ET LE PRINCE ALBERT DE MONACO

On peut s'attendre d'un Nord-Américain, qu'il soit ouvrier ou président des États-Unis, qu'il ait un intérêt pour le baseball. Il est plutôt rare que la chose se produise chez un Européen. Mais il y a d'intéressantes exceptions à cette règle.

J'ai un jour été invité à participer à un grand bal de financement pour la Croix-Rouge. J'ai toujours été proche de cet organisme, et je n'ai jamais refusé de participer à un événement qui pourrait lui venir en aide. Ce soir-là, plusieurs personnalités célèbres avaient été conviées, dont le prince Albert de Monaco. Le premier ministre de l'époque, Jean Charest, était aussi présent à cette soirée. C'est lui qui se chargeait de présenter les personnalités aux convives moins «glorieux», dont je faisais partie. Quand vint mon tour de serrer la main du prince Albert, il s'est approché de moi avec un sourire aux lèvres qui m'a un peu déstabilisé. Je ne comprenais pas pourquoi il affichait un tel enthousiasme à venir me rencontrer. Il semblait me reconnaître. Jean Charest m'a présenté:

— Je vous présente monsieur Rodger Brulotte, analyste de baseball avec les Expos et chroniqueur au *Journal de Montréal*.

Le petit sourire amusé du prince s'est élargi, comme s'il venait d'avoir la confirmation de quelque chose qu'il savait déjà. Il m'a tout de suite tendu une main généreuse, que j'ai serrée fermement tout en l'entendant me lancer:

— Bonsoir, elle est partie!

Ma mâchoire s'est affaissée. Je l'ai regardé, bouche bée. Ma stupéfaction l'a amusé encore davantage.

— Il y a quelques années, j'ai passé du temps à Québec et je me souviens des descriptions colorées que vous faisiez lors des matchs de baseball, m'a-t-il alors expliqué. Je n'ai jamais oublié votre ton de voix et, surtout, cette expression tellement symbolique…

Le prince Albert de Monaco ? Je me suis pincé.

MISTER PRESIDENT

Les présidents américains ne sont pas faciles à approcher. Ils sont constamment entourés de gardes du corps chargés d'assurer leur sécurité et d'éviter que n'importe qui puisse les interpeller ou les invectiver.

J'ai eu l'occasion de rencontrer plusieurs présidents des États-Unis. Tous étaient différents, mais avaient deux points en commun : premièrement, il ne fut jamais question de politique entre nous ; deuxièmement, tous m'ont parlé du personnage mythique de Jackie Robinson, premier joueur noir à avoir évolué dans le baseball majeur et qui a entamé sa marche vers l'immortalité ici, coin Ontario et De Lorimier.

Avec ces témoignages émouvants des plus grands dirigeants du monde occidental au sujet de Robinson, j'ai compris que Jackie avait été important non seulement dans l'histoire du baseball, mais dans celle des États-Unis. Certains n'hésitent pas à le décrire comme un personnage aussi éminent que Martin Luther King dans le processus d'émancipation des Afro-Américains. Ils voyaient en lui un de ses précurseurs. Rien de moins.

RICHARD NIXON

Richard Nixon n'était plus président quand nos chemins se sont croisés. Après avoir été destitué de la présidence dans les circonstances historiques que l'on sait, il a renoué avec un de ses passe-temps favoris : assister aux matchs des Mets de New York, dont il était un grand *fan*.

Quand les Expos se rendaient dans la Grosse Pomme pour y affronter les Mets, je l'apercevais dans les estrades. C'est arrivé des dizaines de fois avant que je finisse par l'aborder pour obtenir une entrevue avec lui. Je me suis présenté en tant que commentateur des Expos. J'ai regretté d'avoir attendu si longtemps, parce que ce ne fut pas compliqué. Il était d'accord pour me parler à la condition que nous n'abordions, ni de près ni de loin, un quelconque sujet politique. L'entrevue ne devait tourner qu'autour du baseball. J'ai accédé à sa demande. À cette époque, les situations politique et économique mondiales étaient très tendues : la guerre froide battait son plein, des mouvements de protestation commençaient à se faire entendre dans plusieurs pays du Bloc de l'Est et l'Occident traversait sa pire crise financière depuis la crise du pétrole de 1973, moment où il était lui-même à la présidence des États-Unis. Il ne voulait pas se confier sur des sujets aussi brûlants à un commentateur sportif de Montréal qu'il ne connaissait pas.

Au cours de l'entretien, Nixon m'a fait comprendre que, dans la vie, on ne doit discuter que de ce qu'on connaît. Nous avons parlé de baseball de manière générale, pour ensuite cibler notre conversation autour des Expos de Montréal, dont il connaissait la majorité des joueurs. Il était même au fait de plusieurs de leurs statistiques. J'étais un peu estomaqué de constater à quel point l'homme connaissait son baseball. Il aurait pu devenir un excellent analyste. Il se souvenait particulièrement de Gary Carter, pour lequel il avait une profonde admiration et un grand respect.

Notre discussion a ensuite dévié sur Montréal et le Québec. Au départ, Nixon m'a fait part de plusieurs généralités sur la beauté de notre coin de pays, sur la langue française et sur la rigueur de nos hivers, et je me suis tout de suite dit que le politicien en lui refaisait surface : sans doute par réflexe, il flattait son interlocuteur dans le sens du poil pour le mettre dans sa poche ! Tout le monde le sait, cette technique est largement utilisée dans le monde politique.

Cependant, ses propos sur le Québec en général et sur Montréal en particulier se sont affinés de plus en plus. Il m'a parlé des deux universités de renommée internationale que compte Montréal. Il les a même situées, l'une anglophone au centre-ville (McGill) et une autre, francophone, au sommet du mont Royal (l'Université de Montréal). Il a poursuivi en me disant que les Montréalais avaient la chance de pouvoir prendre leur voiture et, au bout d'un trajet de deux heures et demie, « se retrouver en Europe », en plein centre du Vieux-Québec. J'en suis venu à me dire qu'il connaissait aussi bien la géographie, l'architecture et l'histoire du Québec que les natifs d'ici...

JIMMY CARTER

Jimmy Carter aussi portait une équipe au plus profond de son cœur : les Braves d'Atlanta. Après la fin de son mandat en 1980, on le voyait souvent dans la première rangée des estrades, assis aux côtés du magnat des médias, philanthrope et propriétaire de l'équipe, Ted Turner.

Il était toujours vêtu de la même manière, pantalon et chemise sport, toujours décontracté. Carter était aussi assidu aux parties des Braves que Nixon, au Shea Stadium, pouvait l'être à celles des Mets. Et lui aussi était facile d'approche, affable et aimable. J'ai pu lui parler très souvent. J'ai aussi remarqué qu'il aimait beaucoup le *snack* par excellence des amateurs de baseball : les arachides (!). Un peu normal, il en a été producteur toute sa vie !

LES BUSH

Autre président, autre équipe : George Bush père, partisan inconditionnel des Astros de Houston. Lui aussi était souvent assis derrière le marbre, captivé par l'action. Il regardait le match avec beaucoup d'attention. Dans le cas de Bush père, son attachement au baseball est tout à fait compréhensible : dans sa jeunesse, à Yale, il était premier but et capitaine de l'équipe universitaire. Il a mené les siens en grande finale du championnat collégial des États-Unis. Solide joueur.

Tout au long de sa grande carrière publique, il a été cité. Je vous offre quelques-unes de ses citations.

« Les spectateurs, à un match de baseball, huent les politiciens, ça vient avec le territoire. C'est juste normal. »

« Un jour, j'avais connu un après-midi du tonnerre au bâton, à Raleigh, en Caroline : trois coups sûrs en cinq, avec un double et un triple. Un éclaireur m'a approché alors que je quittais le terrain. C'était la première fois qu'un éclaireur m'approchait. La dernière aussi. »

« La vie des Américains se déroule autour de la classique d'automne (la Série mondiale). La Série mondiale assure la perennité des générations. »

En plus de discuter baseball lors de nos rencontres, il me parlait de sa relation privilégiée avec son grand ami, Brian Mulroney. Il ne me parlait pas des échanges politiques qu'il avait eus avec lui, mais plutôt de moments de grande complicité qu'ils partageaient, notamment lors de soupers au Nouveau-Brunswick.

Quant à son fils, George W. Bush, il est un des plus grands partisans que les Rangers du Texas ont eus au cours de leur histoire. Il était d'une présence assidue dans les estrades, que ce soit celles des Rangers ou des stades où l'équipe se déplaçait. Il a été propriétaire de l'équipe durant quelques années. C'est alors qu'il occupait ce poste que je l'ai rencontré pour la première fois, dans le cadre d'un match des étoiles présenté à Anaheim.

De tous les présidents américains que j'ai pu côtoyer, c'était le plus difficile d'approche. Il m'a fallu plusieurs mois avant de réussir à lui adresser la parole. Après que je me fus présenté, il a commencé en me parlant de « son » équipe, les Rangers, dont il était très fier. Quand nous avons abordé le sujet des Expos, il s'est décoincé. Il aimait beaucoup notre équipe et ne tarissait pas d'éloges à l'endroit de Felipe Alou, un homme qu'il admirait beaucoup, tant pour son travail d'entraîneur que pour l'homme qu'il était à l'extérieur du stade.

BILL CLINTON

Avec Bill Clinton, la rencontre fut amusante, impromptue, inusitée et sympathique. Un de mes amis, Aldo Giampaolo, alors à l'emploi du Groupe Gillett*, avait organisé une conférence de Bill Clinton au Centre Bell. Aldo m'y avait convié, ainsi qu'à la petite réception privée d'une vingtaine de personnes qui suivrait l'événement. Au terme du discours de Clinton, ceux et celles invités à la réception se sont retrouvés dans un salon privé. Lorsque le président a fait son entrée dans la pièce, nous faisions la file pour lui serrer la main, comme le veut le protocole dans ce type d'occasion. Quand mon tour est arrivé, je me suis présenté comme l'avaient fait tous ceux qui m'avaient précédé :

— Bonjour, je m'appelle Rodger Brulotte. Je suis analyste pour les Expos de Montréal et chroniqueur au *Journal de Montréal*.

Le regard de Clinton s'est alors allumé, ses yeux se sont mis à pétiller et il m'a dit :

— *Don't leave ! I will be back !*

Je ne suis donc pas parti. Je suis resté et j'ai attendu son retour une heure.

Le président a fini par revenir. Tout en s'avançant vers moi, je voyais qu'il écartait les bras, qu'il s'excusait de m'avoir fait patienter si longtemps. J'étais éberlué : le président Clinton s'excusait de m'avoir fait attendre. Le monde à l'envers ! Puis il m'a immédiatement lancé, en m'appelant par mon prénom :

— Rodger, expliquez-moi pourquoi l'existence des Expos est en péril à Montréal ! Je ne comprends pas !

---

* Depuis juin 2014, Aldo est le chef de la direction des Productions Feeling, l'entreprise fondée par René Angélil pour gérer la carrière de Céline Dion.

Je l'ai regardé, un peu surpris, et je lui ai expliqué que nous faisions des pieds et des mains pour garder l'équipe à Montréal, mais que nos efforts semblaient insuffisants. Nous n'avions pas le soutien politique dont nous aurions eu besoin pour que notre projet puisse réussir. Il m'a répondu avec une grande sincérité :

— Je n'arrive pas à croire ce que vous me dites ! Mais vous ne pouvez pas perdre une équipe comme celle-là ! Votre ville ne peut pas se le permettre. Ce serait une perte énorme pour Montréal, mais surtout pour le baseball !

Nous avons ensuite discuté des Expos, de leur histoire, de leurs joueurs marquants. Comme d'autres présidents rencontrés auparavant, l'équipe montréalaise ne lui était absolument pas étrangère, au contraire. Il avait beaucoup d'admiration pour Vladimir Guerrero, se rappelait tout, depuis ce qu'il appelait « les années Gary Carter ». Cela voulait dire que même durant ses huit années de présidence, il n'avait pas perdu le fil des activités des ligues majeures en général, et des Expos en particulier. J'étais fasciné.

Ce que je retiens de mes entretiens avec ces présidents américains, c'est le formidable rayonnement dont jouissait Montréal grâce à son équipe de baseball. Richard Nixon, Jimmy Carter, George Bush père et fils, Bill Clinton, cinq présidents qui ont été en poste pendant l'histoire des Expos et qui, sans exception, vantaient le dynamisme, les joueurs, l'avant-gardisme de l'équipe. Nous, les Expos, avions réussi l'exploit de séduire ces cinq présidents américains. Ce n'est pas rien.

Les derniers propriétaires des Expos, comme la majorité des journalistes de l'époque, n'ont jamais compris l'importance du baseball pour Montréal et la place qu'il permettait à la métropole d'occuper sur l'ensemble du territoire nord-américain et dans l'esprit de dizaines de millions de gens. En fait, il n'y a qu'à Montréal que personne ou presque n'a compris l'incroyable rayonnement dont bénéficiait la ville grâce à son équipe de baseball… Ça ne me rend pas nostalgique. Ça me met en maudit !

Autres têtes célèbres

LE PAPE JEAN-PAUL II

J'ai beaucoup voyagé avec mes amis Pierre Lacroix et Richard Morency, surtout en Europe. Allez savoir pourquoi, presqu'à chaque voyage, le destin nous réservait des surprises.

Nous étions à Rome, en Italie, en visite dans un couvent, lieu vétuste mais d'une grande beauté architecturale. Nous n'avions que très peu de temps pour en faire le tour, car nous avions reçu la promesse que Sa Sainteté le pape Jean-Paul II allait nous recevoir un peu plus tard. Quand je dis « nous recevoir », j'exagère un peu ; nous allions le rencontrer, c'est vrai, mais en compagnie de plusieurs autres centaines de fidèles.

Nous étions donc dans ce couvent où vivaient les religieuses chargées de s'occuper du Saint-Père, et nous pressions le pas, fébriles, pour éviter d'être en retard à ce rendez-vous important. Qu'on soit un fervent catholique ou non, quand on se retrouve en présence du pape, ce n'est jamais anodin. Nous avons décidé de prendre l'ascenseur (qui semblait dater de quelques millénaires) plutôt que les escaliers pour nous rendre aux étages supérieurs. Soudainement, le mécanisme s'est immobilisé. Nous étions entre deux étages, bloqués. Nous nous sommes mis à appuyer sur tous les boutons, y compris celui de l'alarme, bien sûr. Rien n'y faisait ! Pendant deux heures, nous sommes restés coincés. Dieu merci, aucun d'entre nous n'est claustrophobe...

Nous nous inquiétions de rater notre rendez-vous avec Jean-Paul II, et voilà qu'est survenue cette panne d'ascenseur. L'idée nous a fait rigoler, malgré tout. Manquer la chance d'une vie en raison d'un ascenseur plus vieux que les pyramides d'Égypte... Et dans un couvent... Je vous fais grâce de certaines blagues douteuses qui furent échangées pendant notre captivité.

Les minutes se sont égrenées. Notre souci n'était plus Sa Sainteté, mais l'ascenseur lui-même... qui glissait doucement vers le bas ! Notre cabine de métal perdait chaque minute quelques centimètres en direction du sol. Allait-elle lâcher soudainement ? Allions-nous nous écraser au fond de la cage de l'ascenseur ? Après deux heures, ni Pierre Lacroix, ni Richard Morency, ni moi-même n'avions plus en tête notre rencontre avec Jean-Paul II.

Nous commencions à être désespérés. Alors, c'est nul autre que la mère supérieure du couvent qui, entendant nos cris de désespoir, est venue nous délivrer de notre fâcheuse position. Lorsqu'elle a compris notre malheur, elle est allée chercher deux autres religieuses, qui sont montées dans le grenier pour tirer sur une immense chaîne, afin de faire monter l'ascenseur... Les religieuses italiennes ont du muscle ! Nous étions sauvés ! Mais le rendez-vous papal n'a jamais eu lieu : il a été remis à la semaine suivante.

Quand je suis entré dans la grande salle où le pape saluait les invités, sans Morency ni Lacroix je le précise, j'ai été impressionné par le décor. Quand vous visitez de grands châteaux, Versailles, Chenonceau, de grands palais anciens, l'imagination travaille. On pense aux souverains qui y vécurent, on recrée ce que la vie pouvait être dans ces endroits grandioses. Le Vatican, c'est autre chose : vous pouvez certes faire aller votre imagination, mais les souverains y vivent toujours ! C'est somptueux, c'est extravagant, et c'est bien contemporain. Quand le pape a fait son apparition, j'ai été saisi d'une émotion particulière : cette figure prestigieuse, qu'on ne voit qu'à la télé, se trouvait à quelques pas de moi. Il s'est approché doucement, parlant brièvement avec chaque invité. Bientôt, c'était mon tour.

Bon, il ne connaissait pas les Expos, ni le nom ou les statistiques des joueurs. J'avais apporté avec moi une casquette des Expos ; ainsi, lorsqu'il est arrivé à ma hauteur, je la lui ai montrée en disant : « Montréal. » Il m'a répondu, en souriant : « Stade olympique. Céline. » Dans ma tête, j'ai chanté *Une colombe*.

DONALD SUTHERLAND

Sans aucun doute, et durant des années, le grand acteur, un des plus grands de sa génération, a été une fixture au stade des Expos, le partisan le plus célèbre. Quand il assistait aux matchs, il occupait toujours les mêmes sièges. Un jour, l'organisation des Expos a cessé de les lui offrir. Et Sutherland, sentant qu'il n'était plus le bienvenu, n'est jamais revenu.

À mon sens, la direction avait commis une grave erreur. On ne se débarrasse pas comme ça d'un ambassadeur, d'une figure de cette envergure. Vous vous imaginez si les Lakers enlevaient ses billets à Jack Nicholson ? Impensable.

Dans le cadre de mes fonctions, je prenais soin de lui comme un gérant prend soin de son joueur vedette. En 1982, lors de la présentation du match des étoiles au Stade, René Guimond avait organisé une soirée VIP à la Place des Arts et avait demandé à monsieur Sutherland d'y lire le fameux poème *Casey at the Bat, A Ballad of the Republic*, un poème écrit en 1888 par Ernest Thayer et interprété plus de 10 000 fois par un acteur du nom de DeWolf Hopper. Ce fut un moment d'anthologie.

Monsieur Sutherland a toujours été très gentil avec moi. Quand les Expos se rendaient sur la côte Ouest pour y affronter, entre autres, les Dodgers, il me présentait des stars du cinéma. Ron Howard, Henry Winkler, Cary Grant et d'autres... Un grand homme de cinéma, bien sûr, mais aussi un être d'une grande gentillesse.

TED TURNER

Président et propriétaire des Braves d'Atlanta, monsieur Turner est encore aujourd'hui un magnat des médias. Il m'avait bien fait rire une fois. Les Expos jouaient au Fulton County Stadium et je suis allé le saluer ; il était en compagnie de sa charmante femme, l'actrice Jane Fonda. Nous avons échangé, entre autres, sur ses projets. Déjà propriétaire du réseau TBS (Turner Broadcasting System), il avait dans ses cartons le projet de lancer une chaîne d'information continue.

— Il y aura des nouvelles 24 heures sur 24. Nous serons dans tous les pays de la planète, rien ne se passera sur la terre sans que nous y soyons. Partout, dans toutes les capitales du monde. Nous allons révolutionner les nouvelles et la télévision. Ça s'en vient, vous verrez, Rodger…

Je l'ai salué et suis retourné à mes occupations en me demandant bien ce qu'il avait mis dans son café.

Un réseau de nouvelles 24 heures sur 24 ? Partout sur la planète ? Révolutionner les médias ? Pauvre homme, me disais-je, il est dû pour des vacances…

C'était deux ans avant l'arrivée de CNN sur nos écrans.

Oups.

Dates et événements marquants

1983

Après sa convalescence, Claude Raymond a repris son poste, mais les gens de Radio-Canada et des Expos ne voulaient pas me retirer des ondes. Les deux organisations se sont donc mises d'accord pour me confier le remplacement de Pierre Dufault, qui avait été affecté ailleurs par la direction des sports de Radio-Canada. On m'a demandé de faire des commentaires depuis l'abri des joueurs des Expos, complétant le travail de Raymond Lebrun, à la description, et de Jean-Pierre Roy, à l'analyse. J'étais le fameux «troisième homme», comme on l'appelle désormais. Dans la grande histoire de la télédiffusion du baseball, c'était une nouveauté. Aujourd'hui, on en trouve un dans toutes les équipes de commentateurs, sur tous les réseaux de télévision qui diffusent des événements sportifs. Les Expos de Montréal et Radio-Canada ont été des précurseurs.

1989 : SAN FRANCISCO

Malgré le temps qui a passé, j'éprouve encore de la difficulté à parler de cette expérience pénible et traumatisante. Il me semble que c'était hier.

C'était le 17 octobre 1989. En pleine Série mondiale. Un série entre les deux formations de villes voisines, Oakland et San Francisco. Entre les deux villes : un pont. C'est tout.

Comme à l'habitude, j'étais excité de couvrir l'événement. Quelques minutes avant les événements, j'étais sur la galerie de la presse du Candlestick Park, la maison des Giants depuis qu'ils avaient quitté Manhattan pour la Californie, en 1957. J'étais avec mon partenaire Jacques Doucet et mon collègue de radio Jean-François Desbiens. Le stade était bondé, et les partisans des Giants attendaient fébrilement le début de la rencontre. Le match était sur le point de commencer. Jacques et moi étions en plein dans les enregistrements de notre reportage d'avant-match, enthousiastes.

Soudainement, nous avons entendu un bruit terrible, puissant et sourd. Je sais que ma réflexion était ridicule, mais j'ai eu l'impression qu'un train nous fonçait dessus. Jacques, Jean-François et moi nous sommes regardés, les yeux ronds et la bouche ouverte, sans prononcer aucun mot.

L'inquiétude des spectateurs était palpable. J'ai compris alors que le mystérieux vacarme ne provenait pas de la galerie de la presse, puisque les spectateurs l'entendaient aussi.

Le son semblait se rapprocher de nous tant il augmentait en force et en puissance. Puis, une violente vibration s'est fait sentir sous nos pieds et dans les murs. Encore une fois, l'effet de surprise fut total et, sans réfléchir, j'ai eu le réflexe de me lever de ma chaise et d'aller me placer sous un cadre de porte. C'est fou ce que l'instinct de survie peut nous faire faire quand nous sommes confrontés à une situation menaçante… Je n'ai jamais eu le temps de réfléchir.

Durant les 15 secondes qu'a duré la secousse, des secondes qui m'ont semblé des heures, j'ai eu très, mais alors très, très peur. L'incompréhension était totale. Tout comme la panique. Je ne parvenais pas à maintenir mon équilibre et j'ai dû m'accrocher au cadre de la porte pour ne pas tomber. Tout vibrait autour de moi. Tout le matériel sur la galerie de la presse s'est mis à remuer, à bouger, à tomber au sol. Je voyais le regard apeuré de mes collègues… Il me reste des flashs de ce moment et c'est tout. Je n'avais aucune idée de ce qui était en train de se passer. J'étais impuissant. Comme tout le monde dans le stade.

Quand les secousses ont cessé, tout le monde était figé de stupeur. Nous étions encore en vie, certes, mais j'avais peur que le phénomène ne reprenne de plus belle. Je suis convaincu que c'était le cas de tous. Nous sommes demeurés immobiles de longues secondes durant.

Ayant repris ses esprits, Jean-François Desbiens est allé voir l'ancien receveur des Reds et membre du Temple de la renommée, Johnny Bench, qui couvrait l'événement pour une station de radio américaine. Il affichait, lui aussi, une mine effarée. Desbiens lui a demandé s'il croyait que le match allait avoir lieu, et s'il était prudent de le jouer tout de même.

— Je me fous complètement du match ! On vient de vivre un tremblement de terre ! Tout ce que je veux, c'est foutre le camp d'ici !

Une demi-heure après la fin de la secousse, les spectateurs scandaient : « *Let's play ball, let's play ball !* » Les pauvres n'avaient aucune idée des dommages causés par le tremblement de terre à l'extérieur du stade. Dans nos studios de Candlestick Park, un téléviseur diffusait un reportage en direct sur la chaîne ABC. C'était notre seul moyen d'avoir des nouvelles de l'extérieur, les lignes téléphoniques étant mortes. Les commentateurs et journalistes tentaient de conserver leur calme, mais la nervosité qui les habitait crevait l'écran. On diffusait des images et des conséquences du tremblement de terre. Nous avons vu qu'une portion du centre-ville de San Francisco avait été dévastée. À ce moment, Jacques, Jean-François et moi avons compris l'ampleur du séisme.

Nous avions eu peur pour notre vie, peur d'être blessés gravement, mais le stade n'avait pas beaucoup souffert des secousses. Des objets de toutes sortes s'étaient retrouvés au sol, mais la structure de l'édifice n'avait pas été endommagée. Par contre, à la télévision, nous assistions à des images de désolation. Une partie du Bay Bridge, qui traverse la baie de San Francisco vers Oakland, s'était écroulée. Nos yeux ne quittaient pas l'écran.

Quelques heures plus tard, Serge Touchette, Jacques Doucet et moi avons quitté le stade. Un système de navettes avait été mis sur pied pour nous ramener au centre-ville de San Francisco. Nous nous sommes retrouvés à bord d'un autobus. À 30 minutes de marche de notre hôtel, Serge Touchette et moi avons décidé de finir le parcours à pied. L'autobus avançait très lentement, en raison de l'état de certaines rues, mais aussi à cause des nombreux barrages de police et de sécurité qui avaient été établis dans la ville.

Nous sommes donc descendus de l'autobus et avons marché avec nos effets personnels dans les bras et sur le dos. Après quelques minutes, nous sommes arrivés à une plus grande artère. Un côté de la rue était sérieusement endommagé, l'autre était intact. Des gens se sont approchés de nous. On croyait que c'étaient de bons samaritains, inquiets de notre sécurité. Ils nous ont suggéré de changer de côté de rue. Ils allaient même nous escorter, moyennant 50 $. Serge Touchette, dont le sens de l'humour pince-sans-rire m'a toujours amusé, les a remerciés pour leur offre généreuse, en ajoutant que nous allions courir le risque de passer par l'autre trottoir.

Nous avons réussi à nous rendre, indemnes, à notre hôtel. Nous avons alors fait une nouvelle découverte pour le moins déplaisante...

Il faut savoir que, dans la ville de San Francisco, les grands bâtiments récents sont supposément parfaitement conçus pour résister aux tremblements de terre. Cependant, une foule avait envahi le hall. Après nous être informés, nous avons appris à notre grand désarroi que plus rien ne fonctionnait : pas d'eau, pas d'électricité et pas d'ascenseurs... et notre chambre était au 22e étage ! Nous avons attendu quelque temps dans le hall d'entrée, pour voir si les ascenseurs seraient remis en marche. D'autres clients avaient décidé de faire la même chose.

Le lieu était bondé. Pour tuer le temps, et parce que nous étions assoiffés après notre longue marche, nous sommes allés au bar afin de nous désaltérer. Une autre surprise nous y attendait : il n'y restait plus rien. Bouteilles d'eau, jus de fruits, sodas, tout avait déjà été acheté par les clients arrivés avant nous. Les machines distributrices étaient vides.

Après quelques minutes, nous avons décidé de monter à nos chambres, à pied, malgré la hauteur. Nous étions épuisés, mentalement et physiquement, par les événements que nous venions de vivre. Qu'à cela ne tienne, nous nous sommes mis en route. Une fois arrivé, à bout de souffle et les jambes en compote, j'ai ouvert la porte de la chambre. La vision qui s'est offerte à moi était cauchemardesque. Cela ressemblait à ce que trouve chez elle une personne qui vient de se faire cambrioler : les tiroirs étaient à moitié ouverts ou jonchaient le sol. Le téléphone, les lampes, la télévision, sens dessus dessous. Tout s'était retrouvé par terre. En plus, si les téléphones fonctionnaient toujours, ils ne pouvaient être utilisés que pour des appels sortants. Personne ne pouvait me joindre. Nous étions encore loin, à cette époque, des connections Internet sans fil.

J'ai contacté ma famille et le bureau des Expos pour les rassurer et leur dire que j'étais sain et sauf. Je leur ai décrit ce qui venait de se passer, mais ils avaient déjà tout vu à la télévision. Nos effets personnels rapaillés, nos proches rassurés, Serge et moi nous sommes mis à la recherche d'un vol de retour. Aucune envie de rester plus longtemps dans cette ville.

Nous avons réussi à dénicher un avion qui nous ramènerait chez nous. Seul hic : ce vol ne décollait pas de San Francisco ni d'Oakland : nous allions devoir nous rendre à Sacramento. Une heure et demie de voiture nous attendait. Mais nous étions prêts à tout pour sortir de là.

Ça n'a pas été facile. Plein de taxis ont refusé de nous accommoder, mais nous sommes parvenus à en trouver un qui acceptait de nous y conduire. J'ai compris en montant dans la voiture pourquoi ce chauffeur de taxi avait accepté la course malgré les évidentes embûches qui nous attendaient sur le chemin : il était lunatique, à la limite de l'incohérence dans ses propos, et ressemblait au savant fou de *Retour vers le futur*.

Nous avons été chanceux, la sortie de la ville s'est déroulée sans difficultés ; notre lunatique de service connaissait sa ville comme le fond de sa poche. La réelle chance que nous avons eue, c'est d'avoir été une des dernières voitures à pouvoir quitter San Francisco, les autorités ayant bloqué les accès peu après notre passage. Nous nous questionnions en anglais sur la raison de ce blocus (le journaliste Ian MacDonald de *The Gazette* nous accompagnait) lorsque notre chauffeur, nous entendant discuter à ce propos, s'est retourné pour nous expliquer que les autorités voulaient éviter que des personnes de l'extérieur ne profitent de la panique et des dommages pour entrer dans la cité et se livrer à des actes de pillage ou de vandalisme. La course nous a coûté 250 $.

Puis nous avons pris place à bord de l'avion, direction Seattle. Nous ne parlions pas. Nous avions besoin, chacun à notre façon et dans nos esprits respectifs, de digérer ce qui venait d'arriver. Il y avait quelque chose de surréaliste dans tout ça.

Nous étions encore sous le choc, et j'ai eu l'intuition que je demeurerais toujours sous l'effet de ce choc. Ça s'est confirmé dans les années qui ont suivi. Encore aujourd'hui, quand je prends l'avion, j'ai toujours peur lorsqu'il atterrit. Je connais beaucoup de personnes qui éprouvent certaines craintes au décollage et qui poussent un grand soupir de soulagement lorsque les roues se posent sur le tarmac. Dans mon cas, c'est l'inverse. Je me sens davantage en sécurité à 10 000 mètres dans les airs que les deux pieds bien plantés sur la terre ferme.

Cela ne m'a jamais quitté. Chaque vibration du sol, que ce soit le passage d'un métro sous mes pieds ou d'un camion dans la rue, me rend nerveux. C'est un peu comme si chacune de ces vibrations, pourtant normales, faisait remonter en moi le traumatisme vécu le 17 octobre 1989.

1999 : COLUMBINE

Dix ans après ce fameux tremblement de terre, un autre événement m'a durement secoué. Celui-là n'avait rien à voir avec un séisme naturel, mais les séquelles psychologiques que j'en ai gardées sont aussi vives.

C'était le 20 avril 1999. J'étais à Denver pour une série de matchs des Expos. Ce matin-là, j'avais décidé de me rendre au centre d'entraînement de l'Avalanche du Colorado, situé en banlieue de Denver, afin d'aller saluer Patrick Roy. J'ai toujours eu beaucoup de respect pour Patrick. Dès que j'en ai l'occasion, je n'hésite jamais à lui rendre visite. Il m'a toujours accueilli avec le sourire, et ce, malgré son emploi du temps très chargé. Nous avons discuté de sa famille, de sa vie à Denver et de quelques-uns de ses projets d'avenir, lorsqu'il allait accrocher ses patins.

Nous étions en pleine discussion quand la terrible nouvelle est tombée : une fusillade venait d'éclater à l'école secondaire de Columbine. Au début, personne ne pouvait donner de détails : la fusillade avait-elle fait des victimes ? Y avait-il plus d'un tireur ? Après avoir vu les premières images de l'événement, d'une telle violence qu'elles m'ont donné des frissons, j'ai demandé à Patrick si Columbine était loin de Denver. C'était à moins de 15 minutes. Je l'ai salué précipitamment, en lui disant que mon devoir de journaliste m'obligeait à me rendre sur les lieux. Il n'y avait aucun autre journaliste québécois présent dans les environs.

Je me suis rué vers la sortie de l'amphithéâtre. Un taxi attendait à quelques mètres de l'entrée et je m'y suis engouffré en demandant au chauffeur de me conduire aux abords de l'école. La radio de la voiture était allumée et il n'était question que de ce qui se passait. Il y avait eu des décès. On ne connaissait pas encore le nombre exact de victimes. Le chef de la police locale avait fait une courte déclaration pour dire qu'ils avaient retrouvé deux des tueurs, des étudiants de l'école. Ils s'étaient suicidés au terme de leur sinistre action. On ne savait toujours pas s'il y avait d'autres adolescents armés.

Puis, nous avons appris qu'ils n'étaient que deux et qu'ils répondaient aux noms d'Eric Harris et de Dylan Klebold.

Une fois sur place, j'ai constaté l'imposant quadrilatère de sécurité installé par les forces de l'ordre. J'ai tenté d'en apprendre davantage, mais la tuerie était si récente que le porte-parole de la police hésitait à répondre à mes questions et à celles des autres journalistes. J'ai passé la journée sur le campus, j'ai fait une multitude de reportages pour CKAC et TVA. Au fur et à mesure qu'on dénombrait les victimes, l'émotion gagnait en intensité, y compris chez les professionnels de l'information. Le plus troublant, c'était de voir les parents arriver à l'école sans savoir si leur enfant était encore en vie. L'école secondaire de Columbine se trouve dans la petite municipalité de Littleton et, comme dans bien des petites villes, tout le monde se connaît. Tous ces parents tombaient dans les bras les uns des autres. Certains célébraient le fait que leur enfant avait réussi à sortir de l'école sain et sauf; d'autres fondaient en larmes en apprenant le décès de leur fils ou de leur fille. Par respect pour leur douleur et leur angoisse, je n'ai pas réalisé d'entrevues avec eux.

Nous nous questionnions toujours sur le nombre de corps. La police en retrouvait sans cesse davantage en fouillant l'établissement. Je me demandais quand ce décompte morbide allait s'arrêter. Le bilan officiel nous a été communiqué : 13 morts et 24 blessés, certains gravement.

Tôt le lendemain matin, du haut d'un édifice de Denver, j'effectuais plusieurs interventions au réseau TVA via satellite, pour rapporter ce que j'avais vu. J'étais encore davantage sous le choc que la veille, même si je n'étais plus sur les lieux du drame. Comme si le sursaut d'adrénaline provoqué par le fait d'assister aux événements en direct m'avait empêché de prendre du recul et d'en réaliser pleinement l'horreur. Ce fut une journée durant laquelle il m'a été très difficile de ne pas fondre en larmes.

Une des expériences les plus douloureuses, troublantes et surréalistes de ma vie, et la pire aventure journalistique de mon existence.

1990

Cette année-là, je me suis joint au Réseau des Sports (RDS). À partir de ce moment, j'ai joué sur deux tableaux : analyste des matchs à la télévision pour RDS, et à la radio pour CKAC et le réseau Télémédia.

Je veux souligner le respect et la reconnaissance envers les différents patrons que j'ai eus au Réseau des Sports. J'ai passé 25 ans à RDS. Leur professionnalisme, leur vision et l'encadrement qu'ils m'ont fourni durant ces années m'ont permis de progresser de la bonne façon. Tout au long de mon passage à RDS, j'ai joui d'une totale liberté, aussi bien en ondes qu'à l'extérieur. Je les en remercie.

2012

Serge Fortin, grand patron de TVA Sports, m'a offert de me joindre à son réseau, pour assurer, entre autres, l'analyse des matchs des Blue Jays. Je suis choyé. En plus de continuer à faire ce que j'aime, j'ai la chance de travailler avec deux de mes anciens collègues de l'époque des Expos : Jacques Doucet et Denis Casavant.

Le Journal de Montréal

J'étais encore avec les Expos en 2002 et je me plaisais bien dans mon travail d'analyste et de « *colorman* », un boulot que je connaissais et maîtrisais de mieux en mieux. Et j'ai reçu un jour un appel d'une vieille connaissance, Bernard Brisset, alors rédacteur en chef du *Journal de Montréal*.

Pour la petite histoire, Bernard a eu une belle carrière dans les médias, surtout à l'écrit, et il a aussi occupé des fonctions de relationniste de presse avec les organisations des Nordiques, puis des Canadiens.

Il voulait donc me rencontrer. On a fixé un rendez-vous au restaurant Lanni, à deux pas du Stade, qui sert d'excellentes pâtes. Dans mon esprit, Bernard voulait me parler de baseball. C'est de loin mon meilleur champ d'expertise. Mais surprise ! Il souhaitait m'entretenir d'un tout autre sujet. Ah bon ?

— Je veux te parler de ton avenir.

— Mon avenir ?

Sans autre préambule, il m'a offert de devenir chroniqueur au *Journal de Montréal*. « Chroniqueur social », c'est le vocable qui m'apparaît le plus juste. Le regretté Maurice Côté, un des piliers du quotidien pendant des années, avait été le premier à occuper ces fonctions, puis mon ami Robert Leblond, longtemps journaliste aux sports, avait pris la relève. Je savais que Robert était là, et je ne voulais, sous aucune considération, causer son départ. Ça a été le premier volet de la conversation. Le défi était intéressant, c'est évident, mais pas au point d'assumer la responsabilité du départ d'un ami. C'était non. Ça a été bien clair. Bernard m'a tout de suite rassuré.

— Nous avons déjà parlé à Robert. Il a fait de l'excellent travail, professionnel, appliqué, mais il faut revamper tout ça. Et je crois que tu es la personne toute désignée.

J'ai accepté. Mais je lui ai bien indiqué que j'allais faire le travail à ma façon. Je ne suis pas Maurice Côté, je ne suis pas Robert Leblond, je suis Rodger Brulotte.

— Aucun problème avec ça, Rodger.

— Parfait.

Tout de suite, mon petit hamster s'est mis à tourner dans ma tête. Le premier changement que j'ai apporté, ç'a été d'ajouter des photos. D'abord des photos de tête, et avec le temps, des photos de groupe. C'est sans doute inspiré par mon vieux copain André « Toto » Gingras que l'idée s'est pointée. Toto avait connu beaucoup de succès, longtemps, avec ses pages au *Journal*. Et puis, une bonne idée demeure une bonne idée, et je l'ai reprise. Merci à Toto pour l'inspiration.

Les gens l'ignorent, mais cette page (que je partage depuis le début avec Michel Beaudry) est très exigeante en termes d'heures travaillées. C'est plus de 10 heures de travail par jour. Mais c'est tellement plaisant à faire.

Je m'y suis mis avec enthousiasme.

Au tout début de l'aventure, je me trouvais un jour chez Ménick, à son renommé salon de barbier de la rue Masson. Un autre client est entré dans la place : Jean Neveu, le président du conseil d'administration de Québecor, LE grand patron du *Journal*. Un homme à la stature imposante, un brillant homme d'affaires de gigantesque réputation, et en même temps un homme franc et direct.

Il a pris place sur une des chaises du salon et il m'a interpellé.

— Rodger !

— Oui, monsieur Neveu.

— J'aime pas ta page.

J'ai avalé de travers un peu. Le grand patron me disait, sans plus de cérémonie et devant tout le monde, qu'il n'aimait pas ce que je faisais ! Ça fait réfléchir. Je ne pouvais pas laisser ça comme ça, et j'ai répliqué :

— Monsieur Neveu, je vous propose quelque chose. Laissez-moi travailler trois mois. Juste trois mois, pas un jour de plus. Je vous appelle dans trois mois, et si vous n'avez pas changé d'opinion, je pars immédiatement, sans rancune.

Il n'a pas eu le choix d'accepter. En effet, trois mois ont passé et je l'ai rencontré de nouveau.

— Pis, monsieur Neveu, ma page ? L'aimez-vous ?

— Est-ce que je t'en ai reparlé ?

— Non.

— Je dois l'aimer, coudonc.

Il ne m'a pas dit « je l'aime », il m'a dit « je dois l'aimer ». Mieux que rien, tout de même.

Personnellement, j'aime beaucoup cette page. Le travail, dans le fond, c'est de mettre en valeur et de présenter des gens qui sont actifs dans tous les domaines de la société, mais dont on ne souligne pas souvent le travail : des bénévoles, des donateurs, des organisations qui aident les retraités, les jeunes, les sportifs, qui organisent des soirées de ceci et cela, des tournois, des remises de prix, des dîners-bénéfices, des conférences. Le travail de ces gens-là est d'aider la communauté à mieux aller, à mieux fonctionner, à s'entraider. Mon travail à moi, c'est de leur donner un peu d'éclairage, de souligner leurs efforts et leurs résultats. De leur donner une tape dans le dos et un mot d'encouragement. C'est un beau mandat.

Un match de baseball

POURQUOI J'AIME LE BASEBALL, PREMIÈRE MANCHE

La relation parent-enfant n'est pas toujours une vallée de roses. Le fossé des générations n'est pas une vue de l'esprit. Ça existe, vous le savez : vous l'avez vécu. D'abord avec vos parents, et ensuite avec vos enfants. Les difficultés de communication entre une génération et la suivante sont la norme. D'une génération à l'autre, les idées changent, les priorités se replacent, se déplacent, s'ajustent avec les tendances, les modes et les mouvements sociaux.

Mais le baseball permet d'aplanir ces différences et d'oublier ce fossé.

Un père qui regarde ou écoute une partie de baseball avec sa fille pendant deux ou trois heures y voit un espace de trêve. Une occasion unique de discuter de tout, de rien et du reste. Et ainsi de solidifier une relation que ni l'un ni l'autre ne contrôle parfaitement. Un merveilleux terrain d'entente.

Avec son fils, il aura des discussions d'ordre stratégique. Un coup filé ? Un frappe et court ? Une rapide haute à l'intérieur ou une courbe sur le coin extérieur ? Chacun donne son opinion et personne n'a toujours raison. Vous vous souvenez de l'émission *Papa a raison* (en anglais : *Father Knows Best*) ? Dans une estrade de baseball, rien n'est moins sûr. Ça peut aussi bien être « Fiston a raison ». Le baseball se joue sur un terrain où tous, jeunes et moins jeunes, auront raison une fois de temps en temps, mais pas toujours.

Je parle par expérience. Cette relation père-fils, dans une estrade de baseball, ça a été une grande partie de ma propre vie. Et c'est cette relation avec mon père qui a été le début de tout, sans que je le réalise sur le moment.

Mon père était un homme agréable, vaillant, tranquille, humble, qui a travaillé pour le Canadien Pacifique, aux « Shops Angus », aussi pour la Ville de Montréal. Il était un passionné de sport, un connaisseur, un bon analyste, qui me trimbalait d'un stade à l'autre, d'une aréna à l'autre. Et c'était le seul temps où j'avais une relation d'égal à égal avec lui. Quand arrivait des situations de jeu, des décisions, que ce soit des arbitres ou des gérants, il me provoquait, me forçait à répliquer, à penser, à réfléchir, à comprendre ou à essayer de comprendre.

POURQUOI J'AIME LE BASEBALL, DEUXIÈME MANCHE

J'aime le baseball parce qu'il y arrive toujours des revirements que je n'ai jamais vus de ma vie. Un jeu, une situation, quelque chose. Comme ce lanceur recrue qui produit quatre points à son premier match, comme un triple jeu 9-4-5. Comme 10 retraits sur des prises en commençant un match.

POURQUOI J'AIME LE BASEBALL, TROISIÈME MANCHE

À cause de mes années dans le baseball junior.

Pas tellement parce que j'y ai réalisé des exploits, ce ne fut pas le cas, mais à cause de tous ces joueurs qui étaient des coéquipiers ou des adversaires et qui ont connu de grandes carrières dans le sport, à plein de niveaux. Claude Mailhot, une figure médiatique incontournable. Pierre Ladouceur, receveur à Ahuntsic et brillant journaliste. Même chose pour le voltigeur de centre Richard Milot, devenu expert en baseball pour la Presse canadienne, qu'on a lu quotidiennement dans les pages du *Devoir* et ailleurs. Ron Fournier, flamboyant troisième but avec Ahuntsic, devenu arbitre dans la LNH et animateur inimitable, quoique imité mille fois. Michel Bergeron, receveur à Rosemont, entraîneur des Rangers, des Nordiques et commentateur. Pierre Lacroix, receveur à Laval, agent de joueur et directeur-gérant de l'Avalanche. Pierre Creamer, deuxième but à Laval, entraîneur chef des Pingouins à Pittsburgh.

La liste est longue. C'était l'époque, dans les années 1960, avant l'arrivée des Expos, où des foules de plusieurs milliers de spectateurs s'entassaient au parc Ahuntsic, au parc Lafontaine, au parc Beaubien et dans d'autres stades, partout au Québec.

POURQUOI J'AIME LE BASEBALL, QUATRIÈME MANCHE

29 septembre 2004, dernier match des Expos à Montréal, une défaite de 9-1 face aux Marlins de la Floride. Le Stade était plein : 31 000 spectateurs. Comme à tous les matchs, il y a eu la pause classique de la septième manche et les gens ont chanté l'hymne *Take Me Out to the Ballgame*. Tout de suite après la chanson, la foule s'est tournée vers les cabines de diffusion, situées sur la galerie de la presse, et nous a applaudis. Il y avait Jacques Doucet, Marc Griffin, Denis Casavant et moi. Cet adieu, je l'entends encore, je le vois encore. Je n'aurais jamais cru recevoir un témoignage si vibrant des amateurs.

POURQUOI J'AIME LE BASEBALL, CINQUIÈME MANCHE

À cause de la cassette.

Tout le monde connaît Elvis Gratton et tout le monde se souvient de la scène où le bonhomme, sur la plage, sort une cassette d'un match Expos-Padres et l'écoute pour une énième fois, comme un autre écoutera et réécoutera sans se lasser *In the Wee Small Hours* de Frank Sinatra ou *Kind of Blue* de Miles Davis, ou encore *Abbey Road* des Beatles.

J'imagine que l'idée de Pierre Falardeau (le brillant réalisateur et scénariste) était de montrer à quel point son personnage était un quétaine fini. Au risque de vous surprendre, je dirai que ce n'était pas si quétaine que ça...

Je me souviens très bien d'un type, responsable du stationnement au club de golf Laval-sur-le-Lac, qui était un féru de la pêche, son passe-temps, sa passion, son jardin secret. Ce type a conservé, au cours des ans, huit matchs des Expos sur cassette. Et quand il part dans sa chaloupe pour taquiner les truites et les dorés, il emporte toujours Jacques Doucet et Rodger Brulotte. Frank Sinatra, Miles Davis et les Beatles restent sur le bord du lac.

POURQUOI J'AIME LE BASEBALL, SIXIÈME MANCHE

À cause de la cassette, bis.

Par affaires, je devais me rendre à l'hôpital Saint-Eustache, sur la Rive-Nord. J'y étais depuis quelques minutes quand une jeune fille d'une vingtaine d'années s'est dirigée vers moi et m'a subitement serré dans ses bras.

— Ah ! monsieur Brulotte, vous ne pouvez pas savoir à quel point je vous aime...

Et elle a éclaté en sanglots.

— Mon grand-père et moi, nous avons vécu des moments inoubliables grâce à vous. Je n'ai jamais pensé que j'aurais un jour l'occasion de vous remercier.

À l'époque de cette anecdote, les Expos avaient quitté Montréal depuis quelques années... Elle a élaboré.

— Mon grand-père est décédé le mois passé. Dans les dernières années, j'allais le voir au moins une fois par mois. Chaque fois, c'était le même rituel : on s'embrassait, on se donnait les dernières nouvelles et il sortait une cassette VHS d'un match de baseball des Expos que vous décriviez avec Denis Casavant. Vous étiez pour lui un synonyme de joie et de bonheur. Pour moi aussi.

Au moment où tu décris ou analyses une partie de baseball, tu dois te concentrer sur l'action qui se passe tout en bas. Le circuit, le double jeu, le retrait sur élan, la courbe lente ou le signal du vol de but. Tu n'as pas idée de l'impact que ces simples propos pourront avoir sur le quotidien d'un vieil homme et de sa petite-fille. Quand, des années plus tard, tu reçois un témoignage comme celui-là, l'effet est incroyable. Tu as soudainement l'impression d'avoir joué un rôle dont l'importance dépasse de beaucoup la simple description d'un match.

J'en ai toujours été profondément touché, car ça m'est arrivé plusieurs fois. Chaque fois, c'est comme si c'était la première. J'ai toujours la même idée en tête : c'est moi qui devrais remercier ces gens. Et je le fais.

POURQUOI J'AIME LE BASEBALL, SEPTIÈME MANCHE

Parce qu'une facette incontournable du baseball, c'est son potentiel à créer des discussions, des prises de bec, des chicanes et parfois pire. Qui est le meilleur : Ted Williams ou Joe Di Maggio ? Enfermez ensemble un partisan des Red Sox et un autre des Yankees le temps que vous voudrez : ils ne manqueront jamais d'arguments pour prouver qu'ils ont raison. Mays ou Mantle au champ centre ? La discussion sera éternelle. C'est merveilleux quand chacun a raison.

Un exemple de discussion, cette fois au sujet des Expos : est-ce la grève de 1994 qui a marqué le début de la fin ? Beaucoup de gens, des connaisseurs et des érudits, le soutiennent. Pas moi. Selon moi, c'est la saison suivante, 1995, qui a scellé le destin des Expos. Bill

Stoneman aurait pu, et aurait dû, mettre sous contrat à long terme tous les joueurs qui constituaient l'armature du club. Walker, Alou, Grissom, Pedro, Wetteland et les autres. Pas suffisamment d'argent, dites-vous? Avec le succès que cette équipe-là aurait eu au cours des cinq ou six saisons suivantes, les coffres auraient été pleins et l'équipe aurait connu des succès renversants. Et le nouveau stade au centre-ville serait sorti de terre par lui-même.

Ma main au feu. Quelqu'un veut s'obstiner avec moi?

POURQUOI J'AIME LE BASEBALL, HUITIÈME MANCHE

Entraîner les joueurs de baseball.

Être entraîneur a toujours été une véritable joie pour moi. Malgré mon agenda fort rempli, j'ai continué à jouer ce rôle au Centre Immaculée-Conception jusqu'en 1976. Rien de plus réjouissant que de voir un jeune progresser, non seulement techniquement, mais émotivement. De sentir la passion s'incruster dans ses entrailles, et de savoir que cette passion, peu importe l'existence et la carrière qui l'attendent, restera intacte tout au long de sa vie.

Il est arrivé quelques fois qu'un jeune que j'avais eu sous ma gouverne pendant une certaine période passe au niveau professionnel. Peut-être pas dans les majeures, mais tout de même. Assister à cette progression et y être impliqué, en voir un se dépasser et aller au bout de ses limites, pour finalement se joindre aux rangs professionnels… J'avais l'impression d'avoir fait quelque chose d'important: j'avais aidé ce joueur à réaliser son rêve. Tous, presque sans exception, m'ont remercié, et m'en remercient encore. Je les remercie, eux, de m'avoir permis de vivre ces beaux moments.

Quand j'ai dû diminuer ces activités en raison de mon horaire chargé avec les Expos, je suis devenu un des directeurs de la section hockey-baseball du Centre Immaculée-Conception. J'ai occupé ce poste pendant 17 ans. Dix-sept ans de bonheur à voir des jeunes progresser.

Ma véritable passion, c'est le sport. Peu importe le rôle qu'on m'assigne, si c'est dans le vaste univers des sports, je fonce tête baissée, la joie au cœur, sans compter mes heures.

POURQUOI J'AIME LE BASEBALL,
NEUVIÈME MANCHE

À cause de la casquette.

La fameuse casquette trois couleurs des Expos a été long-temps ridiculisée. On s'en moquait. Même qu'au début, quand les dirigeants de l'équipe l'ont présentée aux autorités du base-ball majeur, personne dans les hautes sphères n'a crié au génie, au contraire. On a finalement donné le OK au design, mais avec un gros doute – Bill Lee a déjà déclaré qu'il ne manquait qu'une petite hélice sur le dessus pour en faire une casquette parfaite. Mais ça venait de Spaceman, alors…

Des casquettes à trois couleurs, ça n'existait pas au baseball. Mais aujourd'hui, plusieurs années plus tard, nombre d'équipes ont trois couleurs à leur casquette. Et si vous vous promenez dans les quartiers *hot* de la ville et de partout en Amérique, vous constaterez que des jeunes de la nouvelle génération, qui pour la plupart n'ont jamais vu jouer l'équipe, ont adopté la casquette des Expos et la portent fièrement. Nous sommes en 2015, et elle est plus *hot* que jamais. À New York, Los Angeles ou Chicago, les commerces d'équipements sportifs la mettent bien en vue. Si le fameux «NY» est très populaire, la «trois couleurs» n'est pas en reste.

Manches supplémentaires

LES TROIS ÉTOILES

Depuis 1969, quelques centaines de joueurs ont porté l'uniforme des Expos. Les amateurs, les journalistes, les experts ont tous en tête leur équipe d'étoiles de l'histoire de notre équipe.

Ce que je vous propose ici est bien différent. J'ai imaginé mon top trois dans des catégories qui n'ont rien à voir avec les performances des joueurs sur le terrain. Voici donc les équipes d'étoiles de Rodger Brulotte, des Loisirs Saint-Eusèbe.

Les trois plus comiques
Tim Raines
Warren Cromartie
Stan Bahnsen

Les trois plus bizarres
Don Demola
Ron Hunt
Don Stanhouse

Les trois plus intelligents
Rusty Staub
Ken Hill
Steve Rogers

Les trois plus gentils
Gary Carter
Claude Raymond
Andre Dawson

Les trois plus forts (physiquement)
Vladimir Guerrero
Ellis Valentine
Larry Parrish

Les trois plus silencieux
Andre Dawson
Tim Wallach
Denis Boucher

Les trois plus flamboyants sur le terrain
Ron Leflore
Tim Raines
Larry Walker

Les trois plus gênés
Andres Galarraga
Jeff Reardon
Brad Wilkerson

L'ALIGNEMENT DES CANADIENS DE MONTRÉAL

Je me permets une fantaisie.

J'ai souvent vu jouer, et même joué avec plusieurs joueurs des Canadiens dans des matchs d'exhibition. J'ai pensé vous présenter mon équipe d'étoiles : les Canadiens sur le losange.

Claude Ruel, receveur
Jacques Plante, premier but

Michel Therrien, deuxième but
Ken Dryden, troisième but
Jean Béliveau, arrêt-court
Guy Lapointe, voltigeur de gauche
Stéphane Richer, voltigeur de centre
Lucien Deblois, voltigeur de droite et receveur
Larry Robinson, avant champ, toutes les positions
Serge Savard, frappeur de choix
Maurice Richard, frappeur de choix
Bill Durnan, lanceur
Yvon Lambert, Youppi*
Scotty Bowman, joueur gérant
Guy Lafleur, signeur d'autographes
Toe Blake, arbitre

---

*   Une *joke*, mon Yvon. Excellent joueur de balle.

Le cinéma

Je suis un incorrigible cinéphile. Depuis des années, c'est mon passe-temps favori. Bien sûr, quand sort un nouveau film sur le baseball, il n'y a pas un homme plus heureux que moi.

Je vous suggère ici quelques films portant sur le baseball.

42
La vie et la carrière d'un des plus grands héros sportifs de l'histoire, tous sports confondus. Jackie Robinson.

Bull Durham
Un portrait saisissant, drôle, mais très réaliste du baseball des ligues professionnelles mineures.

61*
Une saison inoubliable, 1961 et ses deux vedettes, Mickey Mantle et Roger Maris.

Field of Dreams
Tiré d'un roman devenu un classique, *Shoeless Joe Goes to Iowa*. Une fantaisie touchante.

A League of Their Own
Le baseball féminin des années 1940, mettant en vedette des grandes stars : Madonna, Geena Davis, Rosie O'Donnell et Tom Hanks.

Pride of the Yankees
La vie de Lou Gehrig, avec Gary Cooper. Dans ce film, Babe Ruth joue son propre rôle.

Fear Strikes Out
Un film avant-gardiste sur la maladie mentale. La carrière du joueur Jimmy Piersall.

Major League
Une fantaisie autour des Indians de Cleveland. Drôle et, par moments, très réaliste.

Eight Men Out
Toute l'histoire réelle du scandale de 1919 quand l'équipe des White Sox de Chicago a vendu la Série mondiale à des parieurs, devenant par le fait même les « Black Sox ».

The Natural
Une fantaisie au sujet d'un joueur, supposément fini, qui revient au jeu 15 ans plus tard et devient un héros. Avec Robert Redford.

Moneyball
Avec Brad Pitt dans le rôle de Billy Beane, patron des A's d'Oakland, qui invente une nouvelle façon d'évaluer des joueurs. Une histoire vraie. Beane, selon moi, s'est inspiré des méthodes de Bill Stoneman et de Dan Duquette.

Trouble with the Curve
J'aurais juré que ce film avait été tourné pour moi. C'est l'histoire d'un éclaireur en fin de carrière (Clint Eastwood) qui n'a pas dit son dernier mot.

Cobb

La plus détestée des grandes stars de l'histoire du baseball, Ty Cobb, rencontre un journaliste et lui raconte sa vie. Avec Tommy Lee Jones.

Un été sans point ni coup sûr

Adapté du livre du même titre de Marc Robitaille, une histoire qui n'est pas sans me rappeler ma propre enfance. Des jeunes passionnés, des parents intéressés, une balle et quelques bâtons. Beau document. Le film met en vedette plusieurs grands acteurs, dont Roy Dupuis, Patrice Robitaille et Monsieur Hollywood lui-même : Rodger Brulotte.

La série *Baseball* de Ken Burns

Une longue saga documentaire, en neuf épisodes de deux heures, qui raconte, en détail, toute l'histoire du baseball.

Et plusieurs autres…

Quelques mots avant
de vous quitter

« BONSOIR, ELLE EST PARTIE ! »

Nombre d'amateurs de baseball me demandent l'origine de cette expression, de ce cri du cœur, devenu indissociable du petit gars de la rue Hogan.

Cette expression aujourd'hui renommée vient de loin. Peu importe l'heure de la journée, j'ai toujours salué les gens en leur disant « Bonsoir ». Une habitude. Ça m'amusait. Il était sept heures du matin, et dans un resto, sur le trottoir, dans un bureau, je croisais un ami, une connaissance, et c'était « Bonsoir ». Je ne sais où j'avais pris ça, j'imagine que je trouvais ça amusant. Un rien m'amuse, faut croire.

Même si au baseball les matchs se jouent presque toujours en soirée, la première fois où l'expression est sortie de ma bouche, c'était pendant un match en après-midi à San Diego. Au premier coup de circuit du match, spontanément, j'ai lancé : « Bonsoirrrrrrrrr, elle est partie ! » Jacques Doucet, lui, disait : « Elle est partie ! » J'y ai simplement ajouté un « Bonsoir ». C'est arrivé comme ça, sans préméditation, *out of the blue*, comme disent les anglophones !

Tout de suite après cet élan du cœur, Jacques Doucet s'est tourné vers moi et m'a dit :

— Tu sais, Rodger, nous sommes en plein après-midi…

Je lui ai répondu, sourire aux lèvres :

— Ça doit bien être le soir quelque part dans le monde, non ?

Jacques a éclaté de rire. L'expression était née. Elle ne m'a plus jamais quitté, jusqu'à devenir ma marque de commerce et à être reprise par les amateurs. Depuis, on me la sert tous les jours. Je suis monsieur «Bonsoir-elle-est-partie». J'ai même pensé l'écrire dans mon passeport et sur mon permis de conduire...

Loin de moi l'idée d'avoir parti une mode, mais je remarque que de plus en plus, les commentateurs et descripteurs n'ont plus peur de démontrer leurs émotions. C'est bon pour tout le monde.

MONTRÉAL, VILLE DE BASEBALL ?

Même quand la popularité de nos Expos était à son plus fort, je me suis fait souvent demander, sur la rue, chez Ménick ou ailleurs : Montréal est-elle une ville de baseball ? Mais on m'a surtout posé la question dans les dernières années d'existence du club, quand la foule avait déserté le stade, et après. Cela m'arrive encore souvent, plus d'une décennie après le départ de l'équipe.

Ma réponse : Montréal est très certainement, sans aucun doute, une grande ville de baseball. Aucune discussion possible. Et ce, depuis des générations, avant même le tournant du XXe siècle, quand les chevaux et les attelages sillonnaient les rues de la ville. Demandez à vos grands-pères, ils vous parleront de leurs propres grands-pères qui jouaient, ou qui regardaient le baseball, tant dans nos villes que dans nos campagnes.

Ce sport est né quelques kilomètres au sud de chez nous, dans le nord de l'État de New York, au début du XIXe siècle. Tout au long de ma carrière, comme employé des Expos, à la radio, ou à la télévision, j'ai entendu et senti la vibration de la foule, l'excitation des amateurs et leur concentration à mesure que les manches se succédaient. Pour avoir très souvent discuté avec les gens, j'ai constaté chaque fois leur vaste connaissance du sport, pas seulement des Expos.

On m'en a parlé avec émotion, avec nostalgie, avec érudition. On me parlait de souvenirs, de stratégie, de technique. Souvent, une discussion avec un partisan m'éclairait, me servait en ondes. Il soulevait des éléments que je n'avais pas remarqués, ou auxquels je n'avais jamais pensé.

Si Montréal est une ville de baseball ? Il n'y a pas l'ombre du bout d'un doute dans mon esprit. C'est presque une non-question.

Pourquoi les amateurs ont-ils commencé petit à petit à déserter l'équipe ? Justement en raison de leur connaissance du sport, ils ont réalisé que la direction des Expos procédait à des ventes de feu, en laissant les meilleurs de ses éléments partir pour d'autres horizons. Dans les dernières années, les Expos ressemblaient à une maison dont on aurait sorti tous les meubles. C'était comme si vous m'invitiez à souper chez vous et que, quand j'arriverais, il n'y aurait ni fauteuil, ni table, ni chaises et qu'en plus, vous n'auriez rien préparé à manger et n'y seriez pas vous-mêmes, remplacés par vos troisièmes voisins. Les chances seraient minces que j'accepte de nouveau une invitation de votre part... Les Expos, vers la fin, c'était comme ça... Rien à voir avec l'amour ou avec la connaissance du baseball.

L'ALCOOL

Je n'ai jamais touché à une goutte d'alcool de ma vie, jamais trempé mes lèvres dans une quelconque boisson alcoolisée... J'évolue pourtant depuis toujours dans le monde du sport, un univers où l'alcool est omniprésent. La plupart des gros commanditaires des équipes sportives en Amérique du Nord sont des producteurs de bière. Avant, les fabricants de cigarettes ne donnaient pas leur place non plus, mais depuis leur bannissement du monde de la publicité, les producteurs de bière ont le champ libre.

Au cours de ma carrière, j'ai participé à bon nombre de publicités pour certaines marques de bière. La bonne chose, c'est que j'ai commencé assez jeune à me prêter à ce jeu. Du moins, j'ai eu la chance de le faire très tôt dans ma carrière, ce qui m'a permis d'établir mes conditions rapidement.

J'ai d'abord commencé avec Miller Lite, dont le distributeur était O'Keefe, le premier gros commanditaire des Expos. Ces publicités, je les ai faites avec des sommités du sport: Henri Richard, Bernard «Boom Boom» Geoffrion et Claude Raymond. Puis, ce fut au tour de Labatt, quand ce brasseur a remplacé O'Keefe comme principal commanditaire des Expos. Dans ces publicités, mon partenaire était le comédien Martin Drainville, qui n'était pas un gros buveur, lui non plus.

Chaque fois, depuis mes tout débuts dans ce genre d'activités, j'ai posé mes limites. Elles étaient simples et sans équivoque : pas question que je trempe mes lèvres dans le verre de bière !

Je n'éprouve pas de répulsion pour l'alcool. Je n'ai aucun mérite : je n'ai jamais été tenté, ni par les drogues d'ailleurs, qui sont, elles aussi, omniprésentes dans le monde du sport professionnel. Par contre, le gars qui décide d'arrêter de boire, lui, a du mérite, parce qu'il abandonne quelque chose qu'il aime, mais qui lui fait du mal.

Cela dit, je ne me suis jamais privé de sortir dans les bars et les tavernes, et ce, dès mes années d'adolescence. J'allais avec mes amis à la taverne Christin, à 16 ans, au coin des rues Hochelaga et Frontenac. Nous y allions aussi pour voir les spectacles d'humoristes comme Claude Blanchard. Nous restions jusqu'à la fermeture, puis nous nous rendions au Café de l'Est, rue Notre-Dame, pour terminer nos nuits au Mocambo, avenue du Havre, ou au Champ de Lys, rue De Lorimier. Jamais une goutte d'alcool n'a glissé au fond de mon gosier, même si les propositions étaient nombreuses.

En fait, je crois que mon désintérêt envers l'alcool vient du fait que j'ai vu trop de gens autour de moi gâcher leur vie.

POISSON D'AVRIL

J'ai toujours adoré les 1er avril. Chaque fois qu'ils se pointaient, j'affairais mon esprit à l'élaboration de coups pendables. Parfois, je me faisais prendre à mon propre jeu...

Nous étions le 31 mars et j'avais convoqué tous les dirigeants, les vice-présidents, les adjoints et même les secrétaires à se rendre à la poissonnerie Marshall Fish Market, sur la rue Saint-Zotique. Chacun avait été convoqué à une heure différente pour ne pas éveiller les soupçons. Je leur avais dit qu'un investisseur potentiel les attendrait sur place. L'homme en question n'était à Montréal que pour quelques jours, et il fallait qu'ils trouvent tous un moyen de se libérer pour l'heure du rendez-vous, car il avait un emploi du temps très chargé. Si chargé qu'il les attendrait dans une poissonnerie dont il était le propriétaire, le renommé Marshall Fish Market.

Ils devaient donc se rendre sur place à l'heure dite et demander monsieur MacRow. Puisque tous étaient anglophones, personne n'avait saisi ce que signifiait la phonétique du mot en français. Une trentaine de clients sont ainsi entrés à la poissonnerie ce jour-là, à des moments différents, avec la même demande :

— J'ai rendez-vous avec monsieur Maquereau, est-il ici ?

J'aurais voulu voir la tête du poissonnier à la fin de la journée ! Je ne l'avais pas prévenu ! J'aurais voulu être un petit oiseau et observer la scène.

Un peu plus tard au mois d'avril, alors que j'étais encore amusé de ma blague, j'ai quitté mon bureau à la fin de la journée, comme tous les jours, pour me rendre dans le stationnement du parc Jarry. Quand je suis entré dans ma voiture, j'ai été saisi d'une étrange impression. Mon auto sentait bizarre. Cette odeur n'était pas nouvelle, je l'avais remarquée depuis quelques jours sans y prêter attention, en me disant qu'elle allait bien disparaître. Au contraire, elle s'intensifiait.

Ce jour-là, j'étais accompagné de Richard Morency, notre annonceur maison, qui a pris place sur le siège du passager. J'ai tout de suite vu, à sa mimique, qu'il pouvait humer le désastre. Troublé par ces effluves, il m'a demandé d'où ça venait. Je lui ai répondu que je ne savais pas de quoi il parlait, que je ne sentais rien. Après qu'il m'eut dévisagé, j'ai admis que moi aussi, je l'avais constaté, mais que je ne savais pas d'où elle émanait. Il a ouvert la vitre de sa portière et m'a demandé s'il pouvait allumer un cigare, histoire de noyer l'odeur dans la fumée.

Une semaine plus tard, l'odeur était devenue insupportable! Je devais rouler toutes vitres baissées et même dans ce contexte, malgré le vent dans la voiture, il m'était impossible de demeurer concentré sur la route tant j'étais incommodé par la puanteur. J'avais fouillé la voiture de fond en comble, du moteur au coffre, mais aucune trace de l'origine de cette pestilence n'était repérable. Dix jours que ça durait! Excédé et répugné, j'ai donc décidé de me livrer à une énième investigation. À quatre pattes sur le sol du stationnement, j'ai fini par apercevoir les coupables, sous le siège avant…

Ils étaient deux : deux poissons en état de décomposition avancée, gracieuseté de la bande des secrétaires.

Merci, merci, merci, merci, merci...

J'ai croisé tellement de gens extraordinaires dans ma vie que j'aurais eu assez d'anecdotes pour remplir trois mille pages. Je m'en voudrais de terminer ce livre sans en nommer quelques-uns, en guise de remerciement pour tout ce qu'ils m'ont apporté.

Daniel Lamarre, **Paul Wilson**, **Robert Ayotte** et **René Guimond** m'ont invité à aller les rencontrer à l'époque où ils étudiaient à l'Université de Sherbrooke, pour discuter de baseball. Ils sont tous devenus de réputés hommes d'affaires : Daniel, président du Cirque du Soleil ; Paul, haut dirigeant à la Brasserie Labatt ; Robert Ayotte, vice-président des Nordiques ; et René Guimond a été mon patron chez les Expos.

Pendant des années, **Denis Lussier** s'est assuré que je puisse profiter pleinement de mes nombreux séjours à West Palm Beach.

Le légendaire pianiste **Oliver Jones** m'a fait vivre une expérience de vie incroyable lorsqu'il m'a invité à chanter avec lui.

Denis Coderre, maire de Montréal, s'efforce de ramener le baseball majeur à Montréal.

Yvon Gareau, de Gareau Autos Val-d'Or, est une grande source de motivation pour moi. Dans sa jeunesse, les médecins lui ont amputé une partie de son bras gauche ; or, cela ne l'a pas empêché de devenir un homme d'affaires averti... ainsi qu'un excellent golfeur.

Serge Savard, en plus de ses succès comme athlète, directeur-gérant et homme d'affaires, m'a permis de vivre de beaux moments d'amitié.

J'ai connu **Gilles Courteau**, commissaire de la Ligue de hockey junior majeur du Québec, alors qu'il œuvrait avec les Draveurs de

Trois-Rivières. Trente ans plus tard, je me considère comme chanceux de l'avoir pour ami.

Je ne serai jamais assez reconnaissant envers **Claude Castonguay**, ainsi qu'envers les frères **Gilles**, **Yves** et **Serge Guay** qui m'ont appris les rudiments de la vie, dans ma jeunesse. Ils ont aussi joué un rôle primordial dans ma carrière avec les Expos.

Le professionnel de golf **René Noël** a toujours su me prodiguer de bons conseils à l'époque du départ des Expos.

Stéphane Laporte m'a par deux fois donné la chance, exceptionnelle, de participer à un *Bye Bye*.

Dans les années 1980, **Dany Doucet** était affecté à la couverture des Expos pour le compte de *La Presse*. Aujourd'hui, il est rédacteur en chef au *Journal de Montréal*, et il me permet de faire des reportages dans tous les domaines de la société.

La famille Péladeau a joué un rôle déterminant dans ma vie : le paternel, **Pierre**, m'a donné la chance de me faire valoir par le biais de son journal. J'ai rencontré **Érik** et **Pierre-Karl** alors qu'ils travaillaient à titre de photographes pendant leurs vacances d'été, et cette amitié dure depuis plus de trente ans.

Ronald Corey a été pendant de nombreuses années un haut dirigeant à la brasserie Molson et O'Keefe. Il m'a approché pour travailler sous ses ordres, mais il a compris que mon cœur était avec les Expos...

L'ancien entraîneur des Canadiens, **Scotty Bowman**, est reconnu pour être un homme sévère au sens d'humour quasi inexistant. N'en croyez rien ! Il m'a régulièrement invité afin qu'on puisse discuter de baseball, autant à Montréal qu'à Pittsburgh.

J'ai vécu de beaux moments avec l'un des plus grands joueurs de hockey, **Mario Lemieux**. Pendant des années, il m'écrivait pour qu'on puisse prendre un petit-déjeuner, à Pittsburgh, quand j'étais en ville pour les matchs des Expos contre les Pirates ; parfois, il venait au Stade pour me saluer. Un gentleman.

Raymond Lemay, un retraité de Québecor, m'a enseigné l'art des relations publiques avec les médias. Il fut l'un des plus grands relationnistes que j'ai connus, notamment quand il était à la tête de l'hippodrome Blue Bonnets.

Claude Lebel, un retraité de la police de Montréal, m'a donné la chance d'amasser des fonds pour les familles defavorisées grâce à la Journée des fèves au lard de la Fraternité des policiers et policières de Montréal.

Mon meilleur ami dans la vie est **André Émond**, un retraité de la Gendarmerie royale du Canada. On dit que les contraires s'attirent? Il mesure 6'4" !

Le skieur nautique **Pierre Plouffe** ne laisse personne indifférent: lors de la Série du siècle de 1972, il a passé une nuit en prison en Russie car il était un trop chaud partisan de la formation canadienne !

Le musicien **André (Robin) Groulx** m'a accompagné à l'émission de Michel Jasmin, le soir même où Céline Dion y a fait ses débuts.

Je serai toujours reconnaissant envers **Jean-Pierre Coallier**, **Michel Jasmin** et **Réal Giguère**, qui m'invitaient régulièrement à leurs émissions à Télé-Métropole.

Je ne pourrai jamais oublier les paroles d'encouragements de **Maman Dion** à ma mère lorsqu'elle était au début de sa maladie d'Alzheimer. Chaque fois qu'elle la voyait, elle prenait le temps de s'asseoir avec elle afin de l'écouter avec une infinie patience.

Denis Baillairgé est un complice depuis de nombreuses années dans mes activités sportives. On a uni nos efforts pendant longtemps pour promouvoir les Expos à Laval.

Gerry Guy était mon entraîneur au hockey junior. Depuis plus de cinquante ans, il sait comment me conseiller dans les moments difficiles.

Les pertes de mon père, de ma mère et de ma sœur m'ont secoué énormément; chaque fois, mon ami **Marcel Goyer** a été là pour m'appuyer dans ces moments pénibles.

Jean-Noël Perrault, pompier retraité de Montréal, est la réplique exacte du personnage du pompier dans la pièce *Broue*. Après le décès de mon père, ma mère est allée passer quelques hivers en Floride. Jean-Noël et sa conjointe, **Monique Simard**, étaient ses anges gardiens ; elle a pu y vivre de belles années en toute sécurité.

André Leclair, de Chomedey Hyundai, est le sosie du golfeur Greg Norman. Au cours de notre voyage de golf, les gens l'abordaient et insistaient pour se faire prendre en photo avec lui, même s'il répétait continuellement qu'il n'était pas le célèbre golfeur.

Serge Fortin, vice-président du Groupe TVA, m'a offert la possibilité de continuer à vivre ma passion, soit celle de décrire les matchs de baseball à TVA Sports.

Mon amitié avec l'entraîneur du Canadien **Michel Therrien** remonte à l'époque où il jouait au baseball à Saint-Léonard. Il était assez bon pour peut-être un jour évoluer dans les ligues majeures, mais il a choisi le hockey.

Jean-Yves Descormiers, restaurateur à Trois-Rivières, était l'un des fiers partisans de Michel Bergeron au cœur des turbulences qui entouraient la nomination de celui-ci au sein des Draveurs.

Pouvoir compter sur **Lyne Robitaille**, présidente et éditrice du *Journal de Montréal*, est une chance en or pour un gars comme moi.

Yvon Pedneault, membre du Panthéon du hockey, est celui qui m'a fait la première offre pour travailler à la section des sports du *Journal de Montréal*... mais j'ai préféré demeurer avec les Expos.

Le meilleur crooner au Québec, **Jacques B. Côté**, a goûté à ma médecine de joueur de tour : un certain vendredi après-midi, en pleine heure de pointe à New York, alors que je conduisais sa voiture sur la 5e Avenue (il détestait conduire dans la circulation new-yorkaise), je suis soudainement descendu de la voiture et je suis parti à courir, le laissant seul sur le siège arrière !

Je suis touché par l'amitié que **Guy Lafleur** m'accorde.

J'ai connu **Pierre Dion**, président et chef de la direction de Groupe TVA, avant qu'il se joigne à Québecor. Il est toujours démeuré la même personne conviviale malgré ses énormes responsabilités.

Jean Bédard, de la Cage aux Sports, n'a jamais laissé tomber les Expos, même dans les années difficiles.

Christian Bergeron et **Yvon Brunet**, de Saint-Léonard, sont des amis de plus de trente ans avec qui j'ai partagé des moments inoubliables au sein du hockey mineur.

Yvan Cournoyer m'a enseigné ce qu'un joueur doit faire pour gagner.

Henri Richard souffre de la même maladie que ma mère, l'Alzheimer. Je regrette tellement de ne pas avoir pris le temps de lui dire qu'il a été un mentor pour moi.

Les journalistes **Réjean Tremblay** et **Michel Blanchard** m'ont fait comprendre les subtilités des relations entre les athlètes et les dirigeants des équipes professionnelles.

Merci à tous mes **collègues de l'histoire des Expos**. Votre soutien m'a aidé à devenir une meilleure personne.

Alors voilà...

Je vous ai dit, dès le début, que ce livre n'était pas une biographie au sens formel. Il constitue plutôt un témoignage. Un témoignage de reconnaissance envers des gens. Envers tous ces gens : famille, amis, collègues, athlètes, dirigeants, ou des gens ordinaires, de tous les milieux et de toutes les bourses, qui ont fait de moi la personne que je suis devenu : un homme comblé, heureux.

Tous et chacun ont contribué à me façonner et à me faire réaliser à quel point la vie est belle. Je ne serais pas qui je suis sans eux. Leur présence ou leur passage dans ma vie est un cadeau inestimable. Je tenais à les remercier de leur générosité et à leur rendre hommage.

Dès mon plus jeune âge, j'ai voulu être à l'écoute des autres, mettre en œuvre les conseils de mon entourage lorsque je constatais qu'ils valaient la peine d'être entendus. Je suis d'un naturel très curieux et j'aime observer les comportements de ceux qui m'entourent. Je tente toujours et encore d'en tirer parti. Je crois beaucoup en l'expérience de vie des autres, et c'est pourquoi j'essaie d'intégrer à ma façon d'être tout ce que je trouve de positif dans mon environnement. Parfois, ce ne sont que de tout petits détails, mais la somme de ces petits détails change une vie.

Je repense à Jean Béliveau, l'homme qui m'a appris l'humilité et l'ouverture à l'autre. C'est en discutant avec lui, en le regardant interagir avec les autres, petits et grands, fortunés ou dépourvus, qu'il m'a donné la plus grande leçon. Tout le monde à ses yeux méritait le même traitement. Traiter chaque personne sur un pied d'égalité constituait la base de sa personnalité. Il est devenu un modèle privilégié, un idéal à atteindre.

Je repense à mes parents, à ma sœur Isabelle, à mes entraîneurs de jeunesse, aux professeurs à l'école.

C'est en suivant leur exemple que j'ai décidé de donner aux autres et de me rendre disponible à leurs besoins.

La vie m'a choyé très tôt, et j'ai compris qu'il me fallait redonner ce qu'elle m'avait offert. C'est avec cette optique et cette philosophie de vie que je m'ouvre à l'autre. Tous les ans depuis les années 1960, de jeunes joueurs viennent me rencontrer pour me demander conseil. Je leur réponds toujours avec plaisir, dans la mesure de mes capacités et de mes connaissances. Je ne cherche pas à les impressionner ou à jouer au vieux sage, mais plutôt à être à l'écoute de leurs besoins, de leurs inquiétudes comme de leurs espoirs. Si je peux les faire profiter de mes expériences et de mes idées, leur donner une autre perspective ou un peu d'éclairage et d'encouragement, ce sera mission accomplie. Comme tous les gens dont je vous ai parlé l'ont fait pour moi.

Je vous remercie, chers lecteurs, d'avoir pris la peine de parcourir ces quelques lignes. J'ose espérer que vous n'avez pas perdu votre temps.

En attendant, vous le devinez bien, je vous laisse sur ces mots…

Bonsoir, je suis parti !

CRÉDITS PHOTOGRAPHIQUES

L'ensemble des photos provient des archives personnelles de Rodger Brulotte. Nous avons fait tous les efforts possibles pour indiquer correctement la source ou le détenteur des droits de chaque photo. Malgré de nombreuses tentatives, nous ne sommes pas parvenus à joindre tous les ayants droit des documents reproduits. Toute personne possédant des renseignements supplémentaires à ce sujet est priée de communiquer avec les Éditions de l'Homme à l'adresse électronique suivante: editions-homme.com

Légende: (h) haut, (b) bas, (g) gauche, (d) droite, (c) centre

1: (h) Tous droits réservés, (c) André «Toto» Gingras,
   (b) Brasserie O'Keefe
2: (h) (b) André «Toto» Gingras, (c) Gilles Corbeil
3: (h) Pierre-Yvon Pelletier, (cg) Rock Blackburn, (cd) Gilles Corbeil,
   (b) Tous droits réservés
4: (hg) Tous droits réservés, (hd) André «Toto» Gingras,
   (b) Tous droits réservés
5: (hg) (b) Tous droits réservés, (hd) Bob Beale
6: (h) Brasserie Labatt du Canada, (bg) (bd) Tous droits réservés
7: (hg) (hd) Gilles Corbeil, (c) Journal de Montréal/Martin Chevalier,
   (b) Martin Alarie
8: François Couture

TABLE DES MATIÈRES

Suivez-nous sur le Web

Consultez nos sites Internet et inscrivez-vous à l'infolettre pour rester informé en tout temps de nos publications et de nos concours en ligne. Et croisez aussi vos auteurs préférés et notre équipe sur nos blogues!

EDITIONS-HOMME.COM
EDITIONS-JOUR.COM
EDITIONS-PETITHOMME.COM
EDITIONS-LAGRIFFE.COM

Cet ouvrage a été achevé d'imprimer
sur les presses de Marquis Imprimeur inc.